A arte interessada

A arte interessada

Mário de Andrade

Organização: Sergio Cohn e André Magnelli

Apresentação: André Magnelli

Biblioteca Básica Latino-Americana - número 8
A arte interessada - Mário de Andrade

© Fundação Darcy Ribeiro, 2022

Conselho Curador

Eduardo Rinesi - Argentina
Eric Nepomuceno - Brasil
Gabriel Cohn - Brasil
Gabriel Restrepo - Colombia
Horacio González - Argentina (*in memoriam*)
Hugo Achugar – Uruguay
Nora Garita – Costa Rica
Paulo Henrique Martins - Brasil
Salomón Nahmad Sitton – México
Stefano Varese – Perú

Equipe Editorial

Ana Paula Simonaci – Azougue Editorial
André Magnelli – Ateliê de Humanidades
Cristián Jiménez Plaza – Tucán Ediciones
José Ronaldo A. Cunha – Fundação Darcy Ribeiro
Maria Elizabeth Brêa Monteiro – Fundação Darcy Ribeiro
Sergio Cohn – Azougue Editorial

Asessoria jurídica: **Ana Luísa Chafir**

Projeto gráfico: **Pablo Marchant**

ISBN: **978-85-63574-66-4**

Junho de 2022

BIBLIOTECA BÁSICA
LATINO-AMERICANA

A partir de seus anos de exílio, Darcy Ribeiro tomou para si — e nunca mais largou — a tarefa de pensar a América Latina e a inserção do Brasil nesse continente essencial. Sua ação sempre se deu como intelectual, como político e como cidadão do mundo. No início da década de 1960, já tentara implantar a Biblioteca Básica Brasileira — BBB, que reunia obras fundamentais para a reflexão da formação do Brasil e, ao final dos anos 1980, montou a Biblioteca Latino-Americana no Memorial da América Latina, na cidade de São Paulo.

Darcy Ribeiro sempre fez de suas buscas um modo de agrupar e disseminar saberes e conhecimentos. A Fundação Darcy Ribeiro, em continuidade a esse sonho, decidiu por empreender a Biblioteca Básica Latino-Americana — BBLA, iniciando a publicação de seus primeiros livros no final de 2021, ano que antecedeu as comemorações do centenário de nascimento de Darcy Ribeiro, em 2022.

A proposta da coleção é realizar o mapeamento, a apresentação, a reflexão e o estímulo à criação sobre a cultura e o pensamento latino-americano, através da publicação de livros de ensaios de importantes pensadores e artistas do continente. O objetivo consiste em alcançar um público amplo, por meio de livros com conteúdo de qualidade, em edições atrativas e bem-cuidadas, que terão versão em português, espanhol e inglês, com publicação em diversos países.

Para uma tarefa de tal magnitude, complexidade e responsabilidade, convidamos renomados intelectuais latino-americanos, alguns deles amigos pessoais de Darcy Ribeiro, para compor o Conselho Curador da Coleção, que estabeleceram critérios básicos a serem seguidos pela BBLA:

— Buscar a síntese entre o foco e a difusão da cultura Latino-Americana, o presente e o crescente;

— Identificar as semelhanças na multiplicidade de povos, formações e expressões e tentar construir um corpo comum a partir da proveniência dos nomes, conceitos e saberes latino-americanos;

— Estabelecer diálogo com as diversidades culturais dos povos transplantados, povos novos, povos testemunho, fluxos migratórios, populações compostas, minorias, alteridades radicais e periféricas no embate do processo civilizatório;

— Apresentar por meio de ensaios, contos, poesia, entrevistas, te--mas relacionados à antropologia, sociologia, filosofia, literatura, teatro, conteúdos que expressem a maior quantidade de interseções culturais.

Sabemos da complexidade e diversidade dos temas a serem abordados, assim como dos obstáculos a serem superados para se constituir um corpo de saberes e prazeres, consistente e relevante para o público leitor. Esse é o nosso maior desafio!

Esta coleção é uma obra coletiva, fruto do trabalho de uma equipe editorial comprometida com o propósito de semear e disseminar saberes produzidos nesse imenso continente latino-americano. É também uma obra viva, em movimento, que vai integrando autores e protagonistas à medida que incorpora novas abordagens, temas e questões cada vez mais contemporâneas e candentes.

Agradecemos aos conselheiros curadores que generosamente aceitaram o desafio de pensar e orientar esta coleção, aos autores por acreditarem no projeto, à equipe editorial que, como diria Dar-cy, trabalha com muita determinação para plantar no chão do mun-do essas sementes, e às editoras, pela colaboração em empreender este projeto. A todos, e a você leitor, muito obrigado por apoiar a Fundação Darcy Ribeiro.

Trazer a público esta coleção é atualizar os debates em torno da América Latina e refletir sobre esse encantamento necessário, ainda por consolidar, de integração da América Ibérica ao sonho de criação do bloco latino-americano. Esta é, sem dúvida, a função mais essencial desta Biblioteca Básica Latino-Americana.

José Ronaldo A. Cunha
Presidente
Fundación Darcy Ribeiro

BBLA, UMA BIBLIOTECA EM CONSTRUÇÃO

NÚMEROS PUBLICADOS

1. *A América Latina existe?*, de Darcy Ribeiro –
org. e apres. de Eric Nepomuceno (novembro de 2021)

2. *América Latina, um povo em marcha,* de Ángel Rama –
org. e apres. de Facundo Gómez (dezembro de 2021)

3. *O idioma da crítica*, de Horacio González –
org. e apres. de Eduardo Rinesi (janeiro de 2022)

4. *O voo do Tukui,* de Ana Pizarro –
org. de Rocío Casas, apres. de Hugo Achugar (fevereiro de 2022)

5. *Améfrika Ladina,* de Lélia González –
org. e apres. de Melina de Lima (março de 2022)

6. *O direito ao delírio*, de Eduardo Galeano –
org. de Sergio Cohn, apres. de Eric Nepomuceno (abril de 2022)

7. *Desenhos das letras latino-americanas*, de Saúl Sosnowski –
org. e apres. de Roxana Patiño (maio de 2022)

8. *A arte interessada*, de Mário de Andrade –
org. de Sergio Cohn e André Magnelli, apres. de André Magnelli
(junho de 2022)

9. *Padrões e dilemas*, de Florestan Fernandes –
org. e apres. de Gabriel Cohn (julho de 2022)

10. *Modos de vida civil*, de Gabriel Cohn –
apres. de Eduardo Rinesi (novembro de 2022)

SUMÁRIO

11 | O MODERNISMO INACABADO DE MÁRIO DE ANDRADE, POR ANDRÉ MAGNELLI

45 | O ARTISTA E O ARTESÃO (1938)

69 | ENTREVISTA A JOEL SILVEIRA (VAMOS LER, ABRIL DE 1939)

77 | CARTA A ONEYDA ALVARENGA (1940)

125 | O MOVIMENTO MODERNISTA (1942)

159 | A ELEGIA DE ABRIL (1941)

175 | A ARTE INTERESSADA (ENTREVISTA À DIRETRIZES, 1944)

193 | MEDITAÇÃO SOBRE O TIETÊ (1945)

209 | FONTES DOS TEXTOS

211 | SOBRE AS ILUSTRAÇÕES

213 | SOBRE OS ORGANIZADORES

O MODERNISMO INACABADO DE MÁRIO DE ANDRADE

POR ANDRÉ MAGNELLI

> *Eu sou trezentos, sou trezentos-e-cinquenta,*
> *Mas um dia afinal me encontrarei comigo...*
> *Tenhamos paciência, andorinhas curtas,*
> *Só o esquecimento é que condensa,*
> *E então minha alma servirá de abrigo.*[1]

Mário de Andrade é um intelectual que poderia dispensar apresentações, mas este esforço se torna necessário nos nossos dias. A missão da *Biblioteca Básica Latino-Americana* (BBLA), os ares do mundo atual e a complexidade da sua obra nos fazem exigências nestes 100 anos da Semana de Arte Moderna de 1922. Como a BBLA tem a missão de difusão cultural a todos que querem ler autores que conhecem pouco ou desconhecem, uma apresentação de Mário se faz necessária, sobretudo porque boa parte de nossos leitores de fora do Brasil possui escassa informação, exceto, talvez, uma associação à sua liderança no movimento modernista ou à sua escrita do "exótico" *Macunaíma*. Mas este trabalho é importante também para o público brasileiro, pois nossa época desmemoriada arrisca a cabeça de todo mundo, até mesmo dos que passaram por estas terras

---

1 Andrade, Mário (1929) Eu sou trezentos... (7 de junho de 1919. In: Andrade, Mário (1930) *Remate de Males*. Ver *Poesias completas, volume 1*. Rio de Janeiro: Nova Fronteira, 2003, p. 295.

deixando rastros perenes. Assim, um titã como Mário de Andrade, que se multiplicou em "trezentos, trezentos-e-cinquenta", deve ser lembrado como se não fosse reconhecível com facilidade; afinal, ainda quando seu nome faz sentido para as gerações mais novas, a riqueza de sua obra é facilmente consumível em chavões e memes.

Mário Raul de Morais Andrade nasceu em 1893, na cidade de São Paulo, tendo falecido precocemente, aos 52 anos, sem ter assistido ao final da II Guerra Mundial e ao retorno da democracia no Brasil. Além de ter sido professor do Conservatório Dramático e Musical de São Paulo, atuou como poeta, cronista, contista, ensaísta, romancista, fotógrafo, crítico literário, musicólogo, historiador da música e da arte, folclorista, etnomusicologista, gestor cultural e secretário de Estado. Ao lado de Oswald de Andrade, Anita Malfatti, Menotti del Picchia e Tarsila do Amaral, compôs o dito "Grupo dos Cinco" do movimento modernista brasileiro. Todos eles, juntamente com outros como Graça Aranha, Paulo Prado, Di Cavalcanti, Ronald de Carvalho, Villa Lobos, participaram da famosa Semana de Arte Moderna, ocorrida no Teatro Municipal de São Paulo entre 15 e 17 de fevereiro de 1922. Como se sabe, este evento cultural foi consagrado, na versão histórica predominante, como o desencadeador de uma revolução cultural ao dar origem ao movimento modernista.[2] Em

---

2 Esta história é relatada pelo próprio Mário de Andrade em *O movimento modernista*, ensaio que integra nosso volume. Mais recentemente, autores como o crítico gaúcho Luís Augusto Fischer vêm revisitando a história do modernismo com uma crítica à versão "paulistocêntrica" da qual Mário seria o formulador. Ver Fischer, Luís Augusto (2022) *A ideologia modernista: A Semana de 22 e sua consagração*. São Paulo: Todavia.

poucos anos, Mário foi reconhecido como o líder do movimento, o que se deve em boa parte à sua abundante atuação como crítico e à sua capacidade de diálogo com diversos personagens como Manuel Bandeira, Alceu Amoroso Lima, Oswald de Andrade, Carlos Drummond de Andrade, Pedro Nava, Oneyda Alvarenga, Prudente de Moraes, Anita Malfatti, Luís da Câmara Cascudo, Sérgio Buarque de Holanda e muitos outros. Isso ocorreu porque ele era, além de tudo, um profícuo epistológrafo (escritor de cartas), o que gerou uma correspondência que já alimentou cerca de trinta livros, centrais para entender o contexto da época e a forma como o movimento modernista foi construído e dinamizado.[3]

Mário produziu uma rica obra em prosa e poesia. Como poeta, ele publicou, desde a juventude até sua morte, *Há uma Gota de Sangue em Cada Poema* (1917), *Paulicéia Desvairada* (1922), *Losango cáqui, ou afetos militares de mistura com os porquês de eu saber alemão* (escrito entre 1921-3, publicado em 1926), *Clã do Jabuti* (1927), *Remate de Males* (1939), *Costela do Grã Cão* (1941) e *Livro Azul* (1941). Postumamente, vieram a público *O Carro da Miséria* (1946), *Lira paulistana* (1946) e *Café* (1942), além de vários poemas esparsos.[4] Seu primeiro

---

3 Ver a relação das correspondências publicadas na biografia de Mário: Jardim, Eduardo (2015) *Eu sou trezentos: Mário de Andrade: vida e obra*. Rio de Janeiro: Edições de Janeiro, p. 235-237.

4 Os poemas de Mário de Andrade foram reunidos por ele mesmo em *Poesias* (Editora Martins, 1941) e após sua morte em *Poesias completas*, que teve uma primeira edição pela editora H. Garnier (1955), com uma edição posterior nas *Obras Completas* da editora Martins. Na terceira edição foram acrescentados os inéditos *Lira Paulistana* e *O Café* (acompanhando um plano feito pelo próprio Mário). Mais recentemente, a

livro, a poesia pacifista *Há uma Gota de Sangue em Cada Poema*, se expressava ainda em um estilo parnasiano mal arranjado e, por isso, não foi integrado na antologia das *Poesias completas*.[5] A adesão à estética modernista se dá com *Paulicéia Desvairada*, publicada no ano da Semana de Arte Moderna, que canta a cidade de São Paulo como "comoção de minha vida [...] Arlequinal! Arlequinal!". Sua obra poética é variada e complexa, mas podemos identificar, para fins didáticos, um movimento que começa pelo experimentalismo estético, cômico e picaresco dos anos 1920 (*Paulicéia Desvairada* e *Losango Cáqui*), passa pela integração das formas e temas naciona- listas e regionais nos anos 1930 (do *Clã do Jabuti* em 1927 até o mais híbrido *Remate de Males* em 1939), até terminar, nos anos 1940, com um poética mais interiorizada e reflexiva (*Costela do Grã Cão, Livro Azul* e *Lira Paulistana*).

Em prosa, Mário escreveu contos, crônicas, romances, arti- gos e ensaios. Suas crônicas foram reunidas em *Primeiro Andar* (1926) e *Os filhos de Candinha* (1943); e seus contos em *Os contos de Belazarte* (1934) e *Contos Novos* (póstumo, 1947). O primeiro ro- mance foi *Amar, Verbo Intransitivo* (1923-1927), que narra de forma experimental, com crítica irônica e digressões teóricas, a iniciação sexual de um adolescente da burguesia industrial paulista com

---

editora *Nova Fronteira* fez uma edição especial com notas críticas e volume-extra contendo dossiês e poemas inéditos. Ver Andrade, Mário de (2013) *Poesias completas, 2 volumes*. Rio de Janeiro: Nova Fronteira.
5 *Há uma gota de sangue em cada poema* foi publicada em *Obra Imatura* (Rio de Janeiro: Agir, 2009) juntamente com os contos de *Primeiro an- dar* e o ensaio *A escrava que não é Isaura*.

uma governanta (Fräulein) que foi contratada para esses fins. No ano seguinte, vem à luz o romance mais famoso, acontecimento marcante na formação literária do país: *Macunaíma: o herói sem nenhum caráter* (1928).

Seus artigos e ensaios foram resultado da atividade de crítico, com intensas colaborações em revistas e jornais, fundamentais para o próprio sustento material. *A Escrava que não é Isaura*, publicado em 1925, mas redigido em 1922, foi um ensaio dedicado a apresentar a teoria poética modernista. Os textos de crítica literária e de artes plásticas foram compilados em livros como *O Baile das Quatro Artes* (1943), *Aspectos da Literatura Brasileira* (1943), *O Empalhador de Passarinhos* (1944) e *Vida literária* (póstumo, 1996). Fez também estudos monográficos sobre *O Aleijadinho e Álvares de Azevedo* (1935), *Lasar Segall* (1935) e *Padre Jesuíno do Monte Carmelo* (1945). Um destaque à parte deve ser dado aos estudos sobre música, que envolveram história da música, teoria musical, música popular, documentação de folclore e etnomusicologia, dando origem a livros como *Ensaio sobre Música Brasileira* (1928), *Compêndio de História da Música* (1929, com nova versão intitulada *Pequena História da Música*), *Modinhas Imperiais* (1930), *Música, doce música* (1934) e *Música de feitiçaria no Brasil* (póstumo, 1963).

Além de escritor, Mário atuou como gestor cultural e servidor público. Dentre outras atividades, foi membro da comissão de reforma da Escola Nacional de Música; organizador do Serviço do Patrimônio Histórico e Artístico Nacional; fundador da Sociedade de Etnografia e Folclore de São Paulo; organizador do *Primeiro Congresso da Língua Nacional Cantada*; diretor do Departamento de Cultura da prefeitura de São Paulo; e funcionário do Instituto Nacional do Livro.

A Revolução de 1930, que conduziu Vargas ao poder, foi um marco no movimento modernista e também na vida de Mário. Já se estudou bastante sobre as relações entre os intelectuais modernistas e o Estado Novo, uma vez que muitos deles foram incorporados nos gabinetes e nas políticas nacionalistas de educação e cultura do Ministro Gustavo Capanema. As relações de Mário foram ambíguas: embora tenha travado conversações com Capanema e recebido ofertas de providenciais investiduras públicas, ele vivenciou a interrupção do sentido democratizador dos seus projetos culturais e acabou tendo suas ideias nacionalistas distorcidas e manipuladas pelo autoritarismo estatal, com danos para a recepção de sua obra pelas gerações seguintes.[6] Além do mais, com o golpe de 1937 e a implementação da ditadura, ele foi afastado da Secretaria de Cultura de São Paulo e começou a viver um inferno astral em exílio no Rio de Janeiro. Este é o começo de uma fase mais desencantada, quiçá melancólica, da qual Mário não irá se recuperar plenamente mesmo após seu retorno à cidade natal, pois coincide com o declínio da saúde até vir a desvanecer, em 1945, no dia 25 de fevereiro, por coincidência o mesmo mês da Semana que o lançou, 23 anos antes, para o centro da vida cultural nacional.

Comemorando o centenário da Semana de Arte Moderna de 1922, este volume da *BBLA* apresenta o pensamento de Mário de

---

6 Sobre isso, ver Botelho, André; Hoelz, Maurício (2022) *O modernismo como movimento cultural: Mário de Andrade, um aprendizado*. Petrópolis, RJ: Vozes (em especial, o capítulo 5).

Andrade à luz de sua liderança construtiva, crítica e reflexiva no movimento modernista. Ao invés de centrar a atenção no jovem Mário de início dos anos 1920, trazemos uma reunião de alguns de seus escritos teóricos, autocríticos e retrospectivos de 1938 até 1945. O volume tem, ao todo, três ensaios, uma epístola, duas entrevistas e uma poesia. Ao mostrar a evolução intelectual de Mário presente em textos menos conhecidos, o livro permite reconhecer tanto sua potência de pensador e artista universal, como também seu posicionamento em relação ao sentido do modernismo e ao papel dos intelectuais na sociedade brasileira. Para que o leitor tenha uma visão de conjunto da sua obra e dos variados modos de atuação, gostaria de expor agora como o fazer "arlequinal" mario-deandradiano teceu, em quatro momentos, um modernismo que é, por si mesmo, inacabado. Vejamos.

UM DESEJO MODERNISTA DE ALUMIAR

Nosso desejo: alumiar.[7]

De 1917 a 1924, os intelectuais modernistas buscam uma revolução estética inspirada nas vanguardas europeias a fim de fazer o Brasil ingressar no universalismo da modernidade. É o primeiro momento do pensamento de Mário e a fase heróica do modernismo brasileiro, que foi coroada pelos acontecimentos da Semana de Arte Moderna. Como textos representativos deste momento, temos

---

7 Andrade, Mário (1922/1925) Prefácio interessantíssimo. In: (2013) *Poesias completas, volume 1*. Rio de Janeiro: Nova Fronteira, p.74.

dois textos em que o jovem Mário defende uma teoria poética: *Prefácio interessantíssimo* e *A escrava que não é Isaura*.

O festivo e irônico prefácio à primeira edição de *Paulicéia desvairada*, denominado *Prefácio interessantíssimo*, pode ser lido como um manifesto pela modernização da poética nacional.[8] Mário reivindica aí o espírito de liberdade das vanguardas europeias (alemã, francesa e italiana) contra a tradição parnasiana do Brasil.[9] Seu estilo combativo, pleno de ironia e auto-ironia, mistura seriedade com brincadeira em meio a proposições consequentes e inconsequências pueris. Ele defende a liberdade poética através de versos livres, harmônicos e simultâneos, que é oposta ao naturalismo da tradição parnasiana, com seus versos rimados, metrificados, sucessivos e melódicos. A liberação estaria no se deixar guiar pelo *impulso lírico* nascido do "subconsciente/inconsciente"(uma ideia tomada emprestada da psicanálise, do expressivismo e do surrealismo). Mário sintetiza a proposta em uma fórmula de Paul Dermée: "Lirismo + Arte = Poesia". Ou seja, de partida, o Lirismo, este "estado afetivo sublime", inspira-se na turba (e ordem) "imprevista das comoções, das associações das imagens, dos contatos exteriores"; em seguida, o poeta faz o trabalho da Arte, que exprime a criação com apuro técnico. A poesia é, então, uma "deformação da natureza" por meio de uma idealização livre e musical que gera um belo

---

8 Andrade, Mário (1922/1925) Prefácio interessantíssimo, op. cit.. p. 59-76.

9 O texto é perpassado por uma preocupação de Mário em se defender da pecha de "futurista" que foi posta nele por Oswald de Andrade no artigo "O meu poeta futurista", *Jornal do Comércio*, em 27 de maio de 1921.

                                    MÁRIO DE ANDRADE

artístico ou um feio atraente.[10] Mário defende aí, ao mesmo tempo, o "escrever brasileiro" e o "escrever moderno". Ser moderno é agir livremente, com atenção à atualidade e experimentação estética. Bem no espírito das vanguardas, ele associa esta atitude ao "primitivismo", o que não significa um retorno ao primitivo, mas sim o reconhecimento de que "somos os primitivos duma era nova".[11]

O segundo ensaio, *A escrava que não é Isaura: discurso sobre algumas tendências da poesia modernista*, redigido em 1922, expõe de forma desenvolvida essa teoria poética. Dissertando sobre as ideias de vanguarda e citando abundantemente poesias que as ilustram, Mário está trazendo um debate inédito até então no Brasil. Retornando à fórmula de Dermée, ele a traduz na frase: "máximo de lirismo e máximo de crítica para adquirir o máximo de expres-

---

10 Mário explica bem o que quer dizer (lembrando bastante o *objet trouvé* dos surrealistas) fazendo uma analogia com um acontecimento forte, imprevisto, tumultuador, cuja sucessão rapidíssima é formadora de uma "verdadeira simultaneidade, verdadeiras harmonias, acompanhando a melodia enérgica e larga do acontecimento". Andrade, Mário (1922/1925) Prefácio interessantíssimo, op. cit., p.70.

11 O "primitivismo" de Mário é pouco significativo à luz de outros aspectos de sua obra, ao passo que ele terá contornos determinantes nos manifestos de Oswald de Andrade: *Manifesto da poesia pau-brasil* (1924) e *Manifesto Antropófago* (1928). A diferença entre o primitivismo carnavalizante de Oswald e o analiticismo pesquisador de Mário é um dos pontos de discordância entre os dois antes mesmo do rompimento da amizade em 1929. Eis aqui um traço importante de diferenciação entre essas duas vias modernistas.

são".[12] O objetivo é claro: desconstruir os padrões normativos da arte para fazer reinar uma poesia liberada. Uma liberdade que respeita o motor lírico do subconsciente, de forma que a beleza não é fim, mas consequência; uma liberdade em que todos os assuntos são de interesse para um poeta reintegrado na vida de seu tempo, incluindo o cotidiano furioso e barulhento dos *Men-in-the-street* das cidades modernas; uma liberdade em que a poesia adquire novas feições, como o verso livre e a rima livre, a polifonia, a harmonia e a simultaneidade, a rapidez e a síntese, a justaposição de ideias e imagens. Provocativamente, ele chama isso de "Vitória do Dicionário" sobre a Gramática, que liberta a palavra da "ronda sintática".[13] Nesta poesia moderna, o poeta não representa a natureza das coisas, "não fotografa: cria. Ainda mais: não reproduz: exagera, deforma, porém sintetiza".[14] Libertada da métrica, a poesia se aproxima da música harmônica, se encanta e sensualiza, tornando-se com ela uma "máquina de produzir comoções".[15] Trata-se de uma poesia que expressa a simultaneidade como fato universal: simultaneidade do eu profundo tanto quanto simultaneidade da modernidade, que nos torna seres multiplicados e "vivedores simultâneos de todas as terras do universo".[16]

---

12 Andrade, Mário (1922/1925) A escrava que não é Isaura. In: Andrade, Mário (2013) *Obra Imatura.* Rio de Janeiro: Nova Fronteira., p.238.

13 Ibid., p. 270.

14 Ibid., p. 273.

15 Ibid., p. 294.

16 Ibid., p. 303.

No posfácio do livro, escrito em novembro de 1924, Mário já se mostra distanciado dessas ideias poéticas. Ele vê nelas um excessivo sentimentalismo e diz que "é de novo a inteligência que pronuncia o tenho-dito".[17] É o início de uma nova fase.

A ARTE INTERESSADA EM BUSCA DE UM PAÍS

> *É arte de circunstância. É interessada [...] A atualidade brasileira se aplica aferradamente a nacionalizar nossa manifestação. Coisa que pode ser feita e está sendo sem nenhuma xenofobia nem imperialismo.[18]*

Nos textos anteriores, já existia uma preocupação em criar uma "língua brasileira", mas é a partir de 1924 que o modernismo passa a afirmar os aspectos nacionais da nossa cultura.[19] Não se trata apenas doravante de entrar no concerto cultural dos países modernos, mas também de assumir nossa particularidade brasileira como um valor universal. A respeito disso, o próprio Mário se mostrou desconfortável com a publicação tardia de *A escrava que não é Isaura*, pois o livro não expressaria mais o estado de suas ideias em 1925, uma vez que "o movimento exigia o abrasileiramento da produção artística".[20]

---

17 Ibid., p. 335.

18 Andrade, Mário (1972) [1928] *Ensaio sobre a música brasileira*. São Paulo: Martins-Mec, p. 18-20.

19 Jardim, Eduardo (2015) *Eu sou trezentos: Mário de Andrade: vida e obra*. Rio de Janeiro: Edições de Janeiro, p. 61.

20 Ibid., p. 77.

O modernismo de Mário está, assim, em busca de uma voz própria, em busca de um país. Vale notar de passagem, à luz da história, que a defesa de uma arte com caráter nacional foi comum a outras vanguardas latino-americanas da época, no Chile, na Argentina, no México, no Peru etc.[21] No caso brasileiro, a reorientação modernista rumo a uma "fixação do tema da brasilidade", como diz Eduardo Jardim, possui dois marcos: a publicação do *Manifesto da poesia pau-brasil* (1924), de Oswald de Andrade; e a escrita do poema *Noturno de Belo Horizonte*, de Mário de Andrade (1925).[22] Esse último foi escrito quando, em 1924, ciceroneando o poeta francês Blaise Cendrars em passagem pelo Brasil, Mário participou junto com outros modernistas de uma viagem pelas cidades históricas de Minas Gerais. Anos depois, ele realizou ainda duas viagens: em 1927, seguiu pelo curso do rio Amazonas desde o Norte do Brasil até Iquitos, no Peru; e, do final de 1928 até o início de 1929, teve uma viagem etnográfica pelo Nordeste, onde entrou em contato com os intelectuais e a cultura popular regional, tendo

---

21 Ver: Schwartz, Jorge (1995) *Vanguardas latino-americanas: Polêmicas, Manifestos e Textos Críticos.* São Paulo: Editora da Universidade de São Paulo / Iluminuras / FAPESP.

22 Jardim, Eduardo (2015), op. cit., p. 71. É importante sinalizar que Mário de Andrade foi bem crítico ao que viu como "anti-intelectualismo" do *Manifesto da poesia pau-brasil* de Oswald. Existe ainda outro manifesto, o "Nengaçu Verde-Amarelo (Manifesto do Verde-Amarelismo, ou da Escola da Anta)", de Menotti del Picchia, Plínio Salgado e outros, que foi publicado um pouco mais tarde, em 1929. O "Verde-Amarelismo" representa a frente de direita do modernismo, que ganha contornos políticos com o integralismo.

um impactante encontro com o cantador de cocos potiguar Chico Antônio.[23]

Dos mais expressivos entre os vários escritos do período são, sem dúvida, *Ensaio sobre música brasileira* e *Macunaíma: o herói sem nenhum caráter*. Publicados em 1928, eles possuem uma preocupação comum: a de construir uma solidariedade entre, de um lado, cultura erudita e cultura popular, e, de outro, unidade nacional e diversidade regional. O *Ensaio sobre a música brasileira*, que tem uma linguagem antropológica um pouco caducada, veio a público acompanhado de um farto material etnográfico com registros inéditos de melodias populares.[24] Mário afirma o estudo da música

----

23 Os diários de viagem pelo Amazonas foram publicados em 1927 no *Diário de Notícias* na série "O turista aprendiz". Depois foram reunidos em 1943, mas só publicados postumamente juntamente com a viagem etnográfica pelo Nordeste: Andrade, Mário (2002) [1976] *O Turista Aprendiz*. Belo Horizonte: Itatiaia. Uma edição especial saiu pelo Instituto do Patrimônio Histórico Nacional (IPHAN) em 2015, com organização, notas e acréscimos de documentos de Telê Ancona Lopez e Tatiana Longo Figueiredo.

24 Os escritos sobre música já foram bastante estudados e constituem bibliografia relevante. Em livro recente, André Botelho e Maurício Hoelz propõem interpretar o modernismo como movimento social dando aos estudos de música uma chave interpretativa fundamental, com atenção especial ao projeto interrompido *Na pancada do Ganzá*. Outros estudos sobre música em Mário podem ser encontrados na bibliografia do livro: ver Botelho, André; Hoelz, Maurício (2022), op. cit. Para uma fina exposição sobre a música popular em Mário, ver: Andrade, Mário de; Fischer, Luís Augusto (org.) *A estranha força da canção*. Rio de Janeiro: Acorde! (em especial a apresentação: "Ambivalência, resistência, encantamento – Mário de Andrade e a canção popular").

brasileira recusando a expectativa do europeu ou norte-americano, que está à espera de um "exotismo divertido" ou um "exquisito apimentado";[25] e ele evita qualquer exclusivismo, xenofobia ou etnicismo, pois "a reação contra o que é estrangeiro deve ser feita espertalhonamente pela deformação e adaptação dele. Não pela repulsa".[26] Desta forma, ele busca uma expressão da cultura nacional através da música popular, que teria características musicais geradas espontaneamente pela criatividade do povo: "A música popular brasileira é a mais completa, mais totalmente nacional, mais forte criação de nossa raça até agora".[27] Assim, sendo contrário ao estudo desinteressado do esteta ou à deformação "destrutiva" e "ridicularizadora" de Oswald, Mário propõe uma *arte interessada e social*, que faça uma "observação inteligente do populário" no que ele tem de expressivo e de formador em nossa sociedade incipiente e de feições por determinar.

Na toada destas formulações, *Macunaíma* nasce como um "romance rapsódico" (como dirá o subtítulo da segunda edição) voltado ao reconhecimento de nossa brasilidade. Ele é um marco na história da literatura brasileira e já possui uma crítica bem consolidada.[28] O enredo conta a história do herói Macunaíma em busca

---

25 Andrade, Mário (1972) [1928] *Ensaio sobre a música brasileira*, op. cit., p. 15.

26 Ibid., p. 26.

27 Ibid., p. 24.

28 Cf. entre outros: Ramos, JR., José de Paula (2012) *Leituras de Macunaíma: primeira onda (1928-1936)*. São Paulo: Edusp; Bosi, Alfredo (2003) Situação de Macunaíma. In: *Céu, inferno: ensaios de crítica literária e*

de seu muiraquitã perdido para o vilão peruano Venceslau Pietro Pietra. Trata-se de uma saga da formação incompleta da identidade nacional, da qual o "herói sem nenhum caráter" Macunaíma se faz um símbolo expressivo. O livro foi escrito tendo por fonte seus achados de viagem e materiais etnográficos recolhidos de vários cantos do país.[29] Este modo de composição realiza, literariamente, a tarefa de *desgeografizar* o Brasil. Isso é feito pela simultaneização das referências culturais, que são descontextualizadas e unificadas em um mosaico. Como diz Eduardo Jardim, em *Macunaíma* "já não se tratava de tomar o país com um tema [o que foi feito pelo

ideológica. São Paulo: Duas cidades; Ed. 34; Hollanda, Heloisa Buarque de (1978) *Macunaíma: da literatura ao cinema*. Rio de Janeiro: José Olympio; Empresa Brasileira de Filmes; Sandroni, Carlos (1988) *Mário contra Macunaíma*. São Paulo: Vértice; Rio de Janeiro: IUPERJ; Campos, Haroldo de (2008) *Morfologia de Macunaíma*. São Paulo: Perspectiva; Souza, Gilda de Mello e (2003) *O tupi e o alaúde*. São Paulo: Duas Cidades; Ed. 34.

29 Mário de Andrade foi inspirado pela leitura do livro *Do Roraima ao Orinoco*, do etnógrafo alemão Theodor Koch-Grünberg, baseado em uma viagem entre 1911 e 1913 pelo Norte do Brasil e Venezuela. Em seu relato etnográfico está presente o mito de *Makunaima*, entidade ancestral dos povos indígenas da região. O artista indígena Jaider Esbell, povo Macuxi, da região do monte Roraima (reserva Raposa Serra do Sol), expressou a tripla significação desta entidade: *Makunaíma, Makunáima, Makunaimã*. Cf. minha entrevista com Jaider: "Arte indígena contemporânea: modos de fazer, potências do ser", *Ciclo de Humanidades 2021. Recompor os fios da vida*, realizada em 15 de junho de 2021 (disponível no Youtube).

Romantismo], mas de escrever e de pensar de forma brasileira".[30]
Alguns intérpretes vêem nele uma composição por bricolagem,
mas Gilda de Mello Souza propõe que o que está em ação é a mime-
tização do processo criador da música popular nacional, com seus
usos da suíte (como nas danças dramáticas populares) e da variação
(como nos improvisos dos cantadores populares do Nordeste).[31]

O nono capítulo, *Carta pras icamiabas*, é central para a narrativa. Recheado de jocosidade, ironia e sarcasmo, ele é uma carta
do "Imperator Macunaíma" para as amazonas, escrita em pom-
posa linguagem lusitana típica da era pré-modernista, através da
qual Macunaíma relata os "feitos" e as "maravilhas" de seu reino,
sintetizados no famoso dístico que encerra os segredos de tanta
desgraça: "Pouca saúde e muita saúva, os males do Brasil são".
Por sua vez, no epílogo do romance, depois da transformação de
Macunaíma na constelação da Ursa Maior ("foi-se embora e banza
solitário no campo vasto do céu") e a revelação da identidade do
narrador, a história toma a forma de um mito. Mário opera o que
chama de "tradicionalização", ou seja: é composta uma estrutura
temporal em que o tempo de outrora se atualiza, a cada momento,
na narrativa de agora. Vale citar o final por sua beleza:

A tribo se acabara, a família virara sombras, a maloca ruíra mi-
nada pelas saúvas e Macunaíma subira pro céu, porém ficara o

---

30 Jardim, Eduardo (2015) *Eu sou trezentos*, op. cit., p. 90.

31 Souza, Gilda de Mello e (2003) *O tupi e o alaúde,* op. cit. Ver também:
Botelho, André; Hoelz, Maurício (2022) *O modernismo como movimento
cultural*, op. cit., p. 107-8.

aruaí do séquito daqueles tempos dantes em que o herói fôra o grande Macunaíma imperador. E só o papagaio no silêncio do Uraricoera preservava do esquecimento os casos e a fala desaparecida. Só o papagaio conservava no silêncio as frases e feitos do herói.

Tudo ele contou pro homem e depois abriu asa rumo a Lisboa. E o homem sou eu, minha gente, e eu fiquei pra vos contar a história. Por isso que vim aqui. Me acocorei em riba destas folhas, catei meus carrapatos, ponteei na violinha e em toque rasgado botei a boca no mundo cantando na fala impura as frases e os casos de Macunaíma, herói de nossa gente.

Tem mais não.[32]

Desta forma, expressa-se na fala do narrador algo que seria uma tarefa dos intelectuais do país, que vem a ser a de vivenciar sensivelmente e atualizar intelectualmente o que somos tal como *somos*, presente nestes tempos dantes a serem preservados do esquecimento.[33]

Esta experiência pode ser elaborada, também, em contato com a poética de Mário elaborada neste período. É o que vemos, por exemplo, no livro que incorpora a temática nacional em sua poe-

---

32 Andrade, Mário (1979) [1928] *Macunaíma (O herói sem nenhum caráter)*. São Paulo: Martins, p. 222.

33 Algo próximo disso é dito por: Jardim, Eduardo (2015) *Eu sou trezentos*, op. cit., p. 89-91.

sia: *Clã do Jabuti* (1927).[34] Destaco três belos poemas. Em *O poeta come amendoim*, dedicado a Carlos Drummond de Andrade, Mário expressa, com humor, um "sentimento pachorrento" de uma experiência vivida de Brasil na "gostosura quente" e nas palavras incertas ditas no "remelexo melado melancólico" do amendoim. Encontramos aí um pertencimento "indigenado" ao Brasil, que reconhece as tragédias e a arbitrariedade da pátria ao mesmo tempo que afirma um vínculo feito de sentimentos sensuais e de um jeito de viver e ganhar a vida:

[....] Brasil...

Mastigado na gostosura quente do amendoim...

Falado numa língua curumim

De palavras incertas num remelexo melado melancólico...

Saem lentas frescas trituradas pelos meus dentes bons...

Molham meus beiços que dão beijos alastrados

E depois remurmuram sem malícia as rezas bem-nascidas...

Brasil amado não porque seja minha pátria,

Pátria é acaso de migrações e do pão-nosso onde Deus der...

Brasil que eu amo porque é o ritmo do meu braço aventuroso,

O gosto dos meus descansos,

O balanço das minhas cantigas amores e danças.

Brasil que eu sou porque é a minha expressão muito engraçada,

Porque é o meu sentimento pachorrento,

Porque é o meu jeito de ganhar dinheiro, de comer e de dormir.

---

34 Ver Andrade, Mário (1927) Clã do Jabuti. In: Andrade, Mário (2013) *Poesias completas, volume 1.* Rio de Janeiro: Nova Fronteira, p. 205-291.

Por sua vez, nos *Poemas Acreanos* passamos para uma interiorização poética junto com uma consciência das relações sociais e suas distâncias, assimetrias e proximidades. No curto *Descobrimento*, que vale citar por inteiro, o leitor participa da nacionalidade comovida que aflora pela identidade sentimental do poeta paulista com um pobre homem do longínquo noroeste do país:

> Abancado à escrivaninha em São Paulo
> Na minha casa da rua Lopes Chaves
> De supetão senti um friúme por dentro
> Fiquei trêmulo, muito comovido
> Com o livro palerma olhando pra mim.
> Não vê que lembrei que lá no norte, meu Deus! Muito longe de
> [mim,]
> Na escuridão ativa da noite que caiu,
> Um homem pálido, magro, de cabelo escorrendo nos olhos,
> Depois de fazer uma pele com a borracha do dia
> Faz pouco se deitou, está dormindo.
>
> Esse homem é brasileiro que nem eu.

Para terminar nosso ínterim poético a fim de passar à apresentação dos textos de nossa coletânea, remeto ao belíssimo *Acalanto do seringueiro*, onde escutamos uma bela cantiga de ninar a um seringueiro que, da escuridão de seu mato-virgem, nos exprime o difícil despertar da identidade nacional, tão indiferente ao bom sono do homem do povo:

Seringueiro brasileiro,
Na escureza da floresta
Seringueiro, dorme.
Ponteando o amor eu forcejo
Pra cantar uma cantiga
Que faça você dormir.
Que dificuldade enorme!   .
Quero cantar e não posso,
Quero sentir e não sinto
A palavra brasileira
Que faça você dormir...

[...]
Nem você pode pensar
Que algum outro brasileiro
Que seja poeta no sul
Ande se preocupando
Com o seringueiro dormindo,
Desejando pro que dorme
O bem da felicidade...
Essas coisas pra você
Devem ser indiferentes,
Duma indiferença enorme...
Porém eu sou seu amigo
E quero ver se consigo
Não passar na sua vida
Numa indiferença enorme.
Meu desejo e pensamento

(... numa indiferença enorme...)
Ronda sob as seringueiras
   (... numa indiferença enorme...)
Num amor-de-amigo enorme...

Seringueiro, dorme!
Num amor-de-amigo enorme
Brasileiro, dorme!
Brasileiro, dorme.
Num amor-de-amigo enorme
Brasileiro, dorme.

Brasileiro, dorme,
Brasileiro... dorme...

Brasileiro... dorme...

ATITUDE ESTÉTICA, ATO-DE-AMOR E ARTESANATO

Na arte verdadeira o humano é a fatalidade.[35]

Abrangendo o pensamento maduro de Mário, nossa coletânea inicia com a sua teoria da arte e da crítica, que está presente em dois textos: *O artista e o artesão*, de 1938; e uma *Carta a Oneyda Alvarenga*, de 14 de setembro de 1940. *O artista e o artesão* tem origem na aula inaugural dos cursos de Filosofia e História da Arte, proferida na Universidade do Distrito Federal. Lê-lo junto com a *Carta* faz com que a teoria de *Andrade* se conjugue com a subjeti-

---

35 Ver O artista e o artesão, neste livro, p. 68.

vidade de *Mário*. Como passagem entre os dois, lemos a divertida entrevista de Mário a João Silveira, que foi feita em 1939 quando ele tomava um chopp no famoso Amarelinho da praça da Cinelândia, no centro do Rio de Janeiro.

Os dois textos tratam de problema semelhante: qual a importância do conhecimento técnico na arte? Mas os enfoques são diferentes: em *O artista e o artesão*, Andrade está expondo sua concepção da criação artística; e, na *Carta a Oneyda*, Mário trata mais da atividade do crítico. Lá como cá, temos uma preocupação com a excessiva subjetivação da arte, com essa "vaidade de ser artista" que teria perdido o sentido da materialidade do fazer da arte e sua dimensão social. Segundo ele, as inflações do individualismo, do tecnicismo, do psicologismo, que valorizam o artista em detrimento da obra, "desnortearam o verdadeiro objeto da arte" e se tornaram "um grande, um doloroso, um verdadeiramente trágico engano".[36]

Em *O artista e o artesão*, Mário defende que a técnica de fazer obras de arte (o "artefazer") envolve três dimensões: artesanato (técnica material), virtuosidade (conhecimento técnico e tradicional) e talento (técnica pessoal). O ponto de partida está no *artesanato*, que "é imprescindível para que exista um artista verdadeiro"[37], uma vez que, no seu artefazer, ele deve conhecer os processos, as exigências e os segredos do material. Além disso, o artista precisa de um conhecimento das técnicas na história: é uma questão de *virtuosidade*. Essa é uma coisa importante, mas, quando exagerada, torna-se um "tradicionalismo técnico", academicista e imitativo.

---

36 Ver *O artista e o artesão*, neste livro, p. 67.

37 Ibid., p. 47.

Por fim, existe a dimensão expressiva da individualidade na técnica pessoal e intransmissível: o *talento*. Desde o Renascimento, a arte valoriza as soluções pessoais para os problemas artísticos, que culminou hoje em um "vastíssimo personalismo". Contra isso, ele propõe três tarefas. Primeira: retornar à materialidade da obra e seus problemas técnicos objetivos, com obediência ao artesanato artístico. Segunda: assumir uma atitude filosófica que delimite os conceitos estéticos, faça um experimentalismo crítico com conhecimento histórico e fortaleça a consciência artística numa atitude estética diante da vida. E, enfim, a terceira tarefa está em buscar um justo equilíbrio entre a arte e o social, a disciplina e a insubmissão, a técnica e a expressão, a liberdade e a legitimidade; só assim, diz ele, o indivíduo artista pode retornar à humanidade, que é o fatal destino da arte.

Estas questões ganham contornos diferentes na *Carta a Oneyda Alvarenga*.[38] Antes de tudo porque ela tem elementos autobiográficos preciosos, já que Mário fala de sua própria personalidade, marcada pelo que chama de "bivitalidade". Diante da questão de sua antiga aluna, se o crítico precisa ou não de conhecimento técnico sobre as artes, ele responde abordando sua própria relação erótico-amorosa com o mundo. Na esteira de *O artista e o artesão*, ele argumenta que o conhecimento técnico pode ser um desserviço

---

38 Sou grato a Lucas Faial Soneghet por ter me apresentado esta epístola e sugerido inseri-la na coletânea. Nela está um condensado vívido de Mário e suas ideias. Falando em amigos, sou grato também a Marcos Lacerda pelas ricas conversas cotidianas e à sua introdução a Mário nos *Cadernos Ultramares*.

tanto para o artefazer quanto para a compreensão da obra, porque pode recair no "tradicionalismo técnico" e em "penduricalhos" que perdem a obra de vista. Quando bem usado, ele fornece, na melhor das hipóteses, alguns saberes estéticos parciais, que são úteis para uma explanação didática, mas insuficientes para a compreensão artística. O que a obra de arte lhe incita é, ao contrário, uma relação contemplativa de "compreensão total e profunda". Por isso, surpreendentemente, Mário afirma que a compreensão estética e a atividade crítica são, para ele, *atos-de-amor*, atos que ele traduz na ideia de *Charitas* da tradição católica. Portanto, quando o artista está criando em "estado de técnica", ele é tomado pelo amor; quando compreendemos uma obra de arte de valor universal, entramos em contato com a beleza ou sublimidade de uma compreensão amorosa. Por outro lado, o egoísmo autocentrado ou o tecnicismo estetizante merecem, para ele, o repúdio severo do crítico. Mas há algo mais além da relação amorosa com a arte: a consciência da importância do *assunto*. O assunto é a dimensão social da arte, da qual a técnica é uma consequência e expressão: "Assim: o ato de compreensão estética é um fenômeno de relação entre o ser e o assunto".[39] Por causa disso, o crítico literário precisa de conhecimento histórico e formação filosófica, mais do que de conhecimento técnico propriamente dito.

---

39 Ver *Carta a Oneyda Alvarenga*, neste livro, p. 118.

A ELEGIA DO MODERNISTA: UMA APOLOGIA À CORAGEM INTELECTUAL

> *[...] esta absurda e permanente ausência de pensamento filosófico, de uma atitude filosófica da inteligência, entre os nossos intelectuais.*[40]

Definitivamente, Mário de Andrade é um autor irredutível. Quando achamos que encerrará o assunto, ele abre uma nova questão. Eis um homem que vive por dentro das tensões, como bem mostra seu biógrafo Eduardo Jardim. É o que ocorre nos ensaios da quarta e última parte, *O movimento modernista*, de 1942, e *A elegia de abril*, de 1941: no primeiro, o "papa do modernismo" se mostra um arguto... crítico do movimento modernista; e, no segundo, depois de ter defendido nos textos anteriores uma atitude social criticando o virtuosismo técnico, ele diz que o descaso com a técnica e a ideia de "arte social" são... um tapa-buraco do nosso conformismo intelectual. Nos dois ensaios, assim como na entrevista que encerra o livro, feita à Revista *Diretrizes* em 1944, encontramos uma visão muito atual sobre as fragilidades e os deveres da inteligência brasileira.

O Movimento Modernista é um depoimento sobre o modernismo e um balanço de sua repercussão após vinte anos. Ele relata não apenas as vicissitudes pessoais de Mário, mas também a formação do grupo de intelectuais em São Paulo e no Rio, desde a exposição de Anita Malfatti em 1917, passando pela recepção das vanguardas e os compartilhamentos de ideias e poemas, até chegar aos "cau-

---

40 Ver *A elegia de abril*, neste livro, p. 164.

sos" da Semana e seus desdobramentos. O movimento foi, para ele, o prenunciador, o preparador e, às vezes, "o criador de um estado-de-espírito revolucionário".[41] Sendo uma ruptura com o espírito colonial, copiador, subserviente, repetitivo e academicista, ele expressou uma tendência de liberdade e conquista de uma expressão própria da inteligência nacional e do povo brasileiro, tanto econômica quanto literário-cultural. Teve, assim, um duplo papel: de destruição, mas também de construção. Mesmo que reconheça uma afinidade com o romantismo, pois ambos tinham um apelo ao espiritual presente no humano e popular, o modernismo teria sido o primeiro movimento efetivo de independência intelectual, pois nos legou três princípios: o direito permanente à pesquisa; a atualização da inteligência artística; e a estabilização de uma consciência criadora nacional. Além disso, ele gerou uma descentralização cultural, pois desencadeou a legitimidade das expressões locais e regionais como parte de uma nação a ser estudada, conhecida e sistematizada.[42]

---

41 Ver *O movimento modernista*, neste livro, p. 137.

42 Alguns autores, como Luís Augusto Fischer, identificam em Mário a consagração de um "paulistocentrismo", e com isso abrem a história do modernismo para uma declinação no plural que contemple as variedades das comarcas do país sem pensar em São Paulo como um modelo universal. E, de fato, Mário afirma que somente na São Paulo provinciana e industrial havia as condições para a emergência da força revolucionária modernista; coisa que não seria possível na cosmopolita e malandra capital, Rio de Janeiro, e tampouco nos outros estados, que teriam grupos modernistas de pouca força. Todavia, a crítica de Fischer pode ser relativizada quando escutamos Mário dizer que a Semana de

Todos estes princípios foram um legado do modernismo, contudo, os modernistas falharam, para ele, diante do compromisso de serem e permanecerem *atuais*. Para Mário, não houve uma mudança significativa na atitude interessada diante da vida contemporânea, e, com isso, teria havido uma falta de eficiência criadora. No fim das contas, os ímpetos se dissolveram nos gozos e favores da vida, nas gasturas das festanças, no pragmatismo utilitário e no individualismo entorpecente. As performances estéticas subversivas e o aterramento na vida do povo se mostraram muito mais um conformismo mal disfarçado e uma adaptabilidade às oportunidades políticas e seus vistosos cargos. "Vaidade, tudo vaidade", diz-nos Mário...

Este diagnóstico pessimista se torna ainda mais interessante quando o dialogamos com *A elegia de abril*, escrita no ano anterior. Este texto é realmente uma *elegia*, porque se trata de um escrito marcado por lamento e melancolia. Mas ele é, também, uma *apologia aos intelectuais*: não no sentido de desculpar nossos intelectuais de suas fraquezas – na verdade, o que ele quer é negar este afagamento malandro que a tudo releva e amolece –; mas sim no sentido de incitá-los à coragem de se elevarem à altura do que a atualidade lhes exige. E é um texto atualíssimo. Se, em *O artista e o artesão*, tratamos da "consciência artística", estamos agora diante do problema mais geral da consciência dos intelectuais. De forma dura, Mário aponta para a dolorosa sujeição da inteligência nacional a

<hr>

Arte Moderna foi mais um sintoma do que uma causa determinante, e que, em decorrência do movimento modernista, deixa de haver os epicentros culturais centrados nas grandes capitais.

toda espécie de imperativos econômicos, transformando a luta pela sobrevivência profissional numa forma de matar a tenacidade da vida das ideias. Nisso, as liberdades do modernismo servem de "fantasia arlequinal" para o conformismo: a imperfeição do preparo técnico é mascarada pela defesa do experimentalismo; a miséria de nossa filosofia e estética é disfarçada pelo compromisso com o social. Para Mário, o país carecia de um estudo consciencioso, que pudesse, por exemplo, trazer uma conceituação moral que ocupasse o vazio da saída da religião como estruturadora da sociedade. Mas o "pragmatismo" se tornou uma ideia deslumbrante demais para manter o ímpeto revolucionário: "Só é verdade o que é útil, e toca o zabumba ensurdecedor dos pragmatismos. Pragmatismo ou displicência nova [...] E o intelectual passa de galho em galho, de árvore em árvore, na estilização mais nacionalista possível da dança do tangará".[43]

Temos aqui a formulação implícita do problema de *Macunaíma* em sua veia pessimista: na falta de um caráter definido, nossa inteligência "se manifesta com vasta fraqueza de poder dramático e ausência quase total de concepção satírica".[44] Não por acaso, ele identifica a presença disseminada da figura do *fracassado* em nossa cultura e literatura: não aquela do herói que fracassa por causa das forças em luta, mas do "indivíduo desfibrado, incompetente pra viver, e que não consegue opor elemento pessoal nenhum, nenhum traço de caráter, nenhum músculo como nenhum ideal, con-

---

43 Ver *A elegia de abril*, neste livro, p. 169.

44 Ibid., p. 165.

tra a vida ambiente".[45] O conformismo frouxo da intelectualidade e a figura do fracassado que se apaga nas tensões levam direto ao tema da *desistência*. Traduzindo as palavras de Mário para uma simultaneidade dos tempos, em que o ontem e o hoje convivem em problemas comuns, poderíamos indagar: estariam as angústias do tempo e suas ferozes mudanças segredando aos ouvidos passivos de nossa mania de inferioridade um convite à desistência do Brasil, com esta tentação terrível de uma entrega ao fracasso total?

A tenacidade genial de Mário não o impediu, contudo, de envergar um pouco sob a pressão de sua época. Isso ocorreu no final de *O movimento modernista*, quando ele cede à pressão dos ares da II guerra e da ascensão dos totalitarismos afirmando que a tarefa dos intelectuais estaria no "melhoramento político-social do homem [...] não fiquem apenas nisto, [sendo] espiões da vida, camuflados em técnicos de vida, espiando a multidão passar. Marchem com as multidões".[46] Nada mais equivocado, nada mais próximo de um entreguismo. A frase é muito reducionista. O próprio Mário reconhece, antes, que "tudo isso não sou nem é para mim".[47] Melhor escutá-lo em suas incitações n'*A elegia de abril*, que cabem bem mais nas medidas intempestivas de sua personalidade. Aí, ao assumir que o intelectual não é um ser político e é, por excelência, um *out-law*, ele afirma que a atitude dos intelectuais depende de uma moralidade profissional e uma consciência de sua técnica; de uma técnica pessoal e sua própria forma de realizar o assunto; e

---

45 Ibid., p. 166.

46 Ver *O movimento modernista*, neste livro, p. 156

47 Ibid.

de uma atitude filosófica que coloque no mundo a verdade com a força de vontade de uma ideia. Esta conjunção de tarefas os tornaria mais aptos a conhecerem o próprio tempo e a superá-lo. Superando a si mesmos.

A entrevista à *Diretrizes*, que vem em seguida, mostra bem como esta visão não é condescendente com qualquer descompromisso em relação à política; ao contrário, quando ele aponta para as falsidades dos adesismos com as frases de efeito, manifestos e abaixo-assinados, ele está assinalando que a natureza independente dos intelectuais demanda um compromisso moral com o humano; a ponto de, em tempos críticos, terem de abrir mão de seus narcisismos para se comprometerem vitalmente com o que está em jogo. O que pode demandar, diga-se claro, marchar, mas também não marchar, com as multidões...

E, caso compreendamos que tais tarefas se conjugam com o espírito modernista de sua obra, podemos maltratar Mário por se deixar errar pela melancolia do declínio da vida. Não, Mário, o movimento modernista não encerrou o ímpeto depois das fraquezas de sua geração. Nem tudo foi vão, nem tudo é vaidade. Vaidade é dizer que foi apenas isso e nada mais. Na verdade, estamos a nos reencontrar com esta sua atualidade. E isso começa por assumir que o seu modernismo é, e deve ser, um movimento indefinível e inacabado, que se realiza nas tensões basilares da sua própria vida. Tensões essas que foram expressas liricamente em seu poema de despedida, *Meditação sobre o Tietê*, terminado poucos dias antes de falecer. Eis aí o poeta que expressa toda a complexidade do intelectual modernista. É por isso que, com ele, encerramos nosso percurso.

O ARTISTA E O ARTESÃO
(1938)

A Santa Rosa

... Que a arte na realidade não se aprende. Existe, é certo, dentro da arte, um elemento, o material, que é necessário pôr em ação, mover, pra que a obra de arte se faça. O som em suas múltiplas maneiras de se manifestar, a cor, a pedra, o lápis, o papel, a tela, a espátula, são o material de arte que o ensinamento facilita muito a pôr em ação. Mas nos processos de movimentar o material, a arte se confunde quase inteiramente com o artesanato. Pelo menos naquilo que se aprende. Armemos, sem discutir por enquanto, que todo o artista tem de ser ao mesmo tempo artesão. Isso me parece incontestável e, na realidade, se perscrutamos a existência de qualquer grande pintor, escultor, desenhista ou músico, encontramos sempre, por detrás do artista, o artesão. O artesanato, os segredos, os caprichos, as exigências do material, isto é assunto ensinável, e de ensinamento por muitas partes dogmático, a que *fugir será sem-*

pre prejudicial para a obra de arte.[1] E si um artista é verdadeiramente artista, quero dizer, está consciente do seu destino e da missão que se deu para cumprir no mundo, ele chegará fatalmente àquela verdade de que, em arte, o que existe de principal é a obra de arte. Foram os próprios filósofos escolásticos, espantosamente, os que mais claro afirmaram isso quando, ao porem a arte no domínio do "Fazer", dela disseram ter "uma finalidade, regras e valores, que não são os do homem propriamente, mas da obra de arte a ser feita".[2] Está claro que, especialmente para os escolásticos, mas também para qualquer artista que não se tenha entregue de pés e mãos à estreiteza sem ar da estética experimental, está claro que o ser a obra de arte a finalidade mesma da arte não exclui os caracteres e exigências humanos, individuais e sociais, do artefazer. Pois a Arte continua essencialmente humana, si não pela sua finalidade, pelo menos "pela sua maneira de operar".[3]

Este problema admirável eu tentarei explicar e esclarecer milhormente à medida que, em lições posteriores, penetrarmos mais intimamente na História da Arte, e nos conceitos estéticos que dela procuraremos tirar; *quis apenas afirmar desde logo esta noção*

----

1 Está claro: prejudicial para a obra de arte, eu digo, e não para o artista. O artista prescinde das leis técnicas, não em benefício da obra de arte, mas de si mesmo. É a frase de Beethoven: "não há regra que não possa ser superada em benefício da expressão." E não virá disto a degringolada da arte, do Romantismo pra cá? Um artista cada vez mais expressivo de si mesmo, e uma obra de arte cada vez mais pessoal e inatingível ao povo?

2 Maritain, *Art et Scolastique*, p. 10.

3 Idem, p. 11.

da importância primordial da obra de arte, para mostrar quanto o artesanato é imprescindível para que exista um artista verdadeiro. Artista que não seja ao mesmo tempo artesão, quero dizer, artista que não conheça perfeitamente os processos, as exigências, os segredos do material que vai mover, não é que não possa ser artista (psicologicamente pode), mas não pode fazer obras de arte dignas deste nome. Artista que não seja bom artesão, não é que não possa ser artista: simplesmente, ele não é artista bom. E desde que vá se tornando verdadeiramente artista, é porque concomitantemente está se tornando artesão.

Mas voltarei um dia a comentar esta importância capital do artesanato. Por hoje, quero apenas acrescentar que não se deverá, pelo menos eu não o faço, não se deverá entender por artesanato o que se entende mais geralmente por técnica. O artesanato é uma parte da técnica da arte, a mais desprezada infelizmente, mas a técnica da arte não se resume no artesanato. O artesanato é a parte da técnica que se pode ensinar. Mas há uma parte da técnica de arte que é, por assim dizer, a objetivação, a concretização de uma verdade interior do artista. *Esta parte da técnica obedece a segredos, caprichos e imperativos do ser subjetivo, em tudo o que ele é, como indivíduo e como ser social.* Isto não se ensina e reproduzir é imitação. Isto é o que chamamos a técnica de Rembrandt, de Fra Angelico ou de Renoir, que divergem os três profundamente *não apenas na concepção do quadro, mas consequentemente na técnica de o fazer.*[4]

---

4 "Concepção do quadro" é bem já o "estilo", no que Lee chama de "maneira característica de ver as coisas", no que Pauchan chama de "maneira pessoal de mostrar a realidade, de a traduzir ou de a criar".

Sobre isto lembrarei agora uma boa e curiosa lição contemporânea. É o caso do pintor espanhol Picasso, que, vendo um dia um pintor de paredes usar um pincel especial que facilitava e tornava mais rápida a maneira de imitar mármores, exprimiu o desejo de possuir um pincel desses. Lhe fizeram presente de um, e Picasso, depois de demonstrar muita alegria pela posse, utilizou-se do pincel de imitar mármore pra pintar os cabelos de umas figuras. Bem se poderá, por esta anedota, perceber a diferença vasta que existe entre a técnica pessoal e artesanato. Um pincel feito pra pintar imitação de mármore serve para pintar imitações de mármore. Com ele, será mais fácil a um aprendiz aprender a pintar mármore em pintura, bem como, com o uso dele, terá o aprendiz facilitado o seu trabalho. É o artesanato. Já si um professor, porém, ensinar todos os seus alunos a pintar cabeleiras com pincéis de imitar mármore, fará o maior dos desacertos. Porque a transposição do cabelo, em pintura como em escultura, é principalmente uma expressão individual.

Por quanto acabo de afirmar se poderia pois conceber a técnica de fazer obras de arte composta de três manifestações diferentes, ou três etapas. Uma: o artesanato, a única verdadeiramente pedagógica, que é o aprendizado do material com que se faz a obra de arte. Este é o mais útil ensinamento, o que é mais prático e mais necessário. É imprescindível.

Outra manifestação da técnica é a virtuosidade, digamos assim, na falta de palavra específica. Entendo aqui por virtuosidade do artista criador o conhecimento e prática das diversas técnicas his-

---

"Mas consequentemente na técnica de o fazer" é o que Pauchan continua: "tendo o artista também uma técnica particular."

tóricas da arte – enfim, o conhecimento da técnica tradicional. Este aspecto da técnica, que é, por exemplo, conhecer como os assírios, os gregos, Miguel Anjo ou Rodin resolveram a reprodução do cabelo na pedra ou no mármore; que é conhecer a distribuição das luzes e das sombras, dos tons frios e tons quentes, ou a maneira diversa de pincelar de um Rafael, de um Duerer, de um Greco ou de um Cézanne; que é ainda conhecer a evolução histórica da cadência de dominante desde os primeiros tonalistas até os nossos dias: este aspecto da técnica a que chamei de "virtuosidade" é também ensinável e muito útil. Não me parece imprescindível, porém, e, como toda virtuosidade, apresenta grandes perigos. Não só porque pode levar o artista a um tradicionalismo técnico, meramente imitativo, em que o tradicionalismo perde suas virtudes sociais pra se tornar simplesmente "passadismo" ou, si quiserem, "academismo"; como porque pode tornar o artista uma vítima de suas próprias habilidades, um "virtuose" na pior significação da palavra, isto é, um indivíduo que nem siquer chega ao princípio estético, sempre respeitável, da arte pela arte, mas que se compraz em meros malabarismos de habilidade pessoais, entregue à sensualidade do aplauso ignaro. A técnica tradicional, a virtuosidade técnica, o conhecimento abalizado de como historicamente as épocas e os artistas resolveram os seus problemas de artefazer, é de grande utilidade para o artista. Mas, além dos perigos terríveis que esconde, e que só mesmo uma verdadeira organização moral de artista pode evitar, não me parece seja imprescindível. Por certo os senhores conhecem a anedota espanhola do moço poeta que, desejoso de fazer poemas sublimes, se dirigiu ao maior poeta do tempo e lhe perguntou como é que este fazia versos. E o grande poeta respondeu: no princípio do verso põe-se a maiúscula e no fim a pontuação. "E no meio?" indagou o moço. E o grande poeta: *"Hay que poner talento...".*

Esta anedota nos convida a compreender a necessidade imprescindível do artesanato e a desnecessidade imediata da virtuosidade. As maiúsculas e a pontuação participam do artesanato da poesia. Mas as diversas soluções métricas, estróficas, sonoras, a própria linguagem poética de Gôngora, de Quevedo, de Encina eram desnecessárias, em princípio. Bastava que no meio do verso houvesse talento, isto é, na acepção em que o grande poeta empregou a palavra, justamente o que não se ensina.

Finalmente, a terceira e última região da técnica é a solução pessoal do artista no fazer a obra de arte. *Esta faz parte do "talento" de cada um, embora não seja todo ele.* É de todas as regiões da técnica a mais sutil, a mais trágica, porque ao mesmo tempo imprescindível e inensinável.

Não poderei insistir longamente sobre ela na conversa de hoje, tanto mais que, em sua sutileza, há muito que distinguir. Será, por exemplo, imprescindível, como armei? São numerosos os "exemplos" históricos aparentemente em contrário. Si tomamos a arte egípcia pra estudo, ou a grega, ou mesmo o gótico na escultura, nós conseguiremos com certa facilidade distinguir fases técnicas diversas, mas só raramente, como entre Scopas e Praxíteles, conseguimos perceber soluções técnicas pessoais.[5]

Maspero, numa página muito acertada, preocupou-se em ca-

---

5 Egypte, Col. Aro Una, p. 304 e seguintes.

racterizar e explicar o aspecto de impersonalidade da arte egípcia. Depois de demonstrar que o princípio que regeu os quarenta e tantos séculos da arte egípcia não fora de forma alguma a obtenção da beleza, mas a pesquisa do perdurável que assegurasse aos deuses e aos homens uma vida feliz e eterna, Maspero considera:

> *De modo geral, ninguém se enganará afirmando que o princípio de utilidade proibia, a quantos exerciam uma arte, assinar suas próprias obras, e consequentemente os condenava ao esquecimento. [...] E assim é que, estranhos a este desejo de imortalidade pela glória, cuja ação é tão poderosa em nossos dias, os artistas egípcios, em sua grande maioria, se contentaram de observar em consciência, como si se tratasse de mero ofício, as regras que o ensinamento de seus mestres declarava necessárias ao bem das almas humanas ou divinas. [...] E assim, nessa recusa sistemática em modicar os assuntos e os tipos tradicionais, a não ser no detalhe, o Egito imprimiu à sua arte esse caráter de uniformidade que nos assombra. O temperamento pessoal do indivíduo não se revela sinão por detalhes de fatura quase imperceptíveis, e quem quer estude por alto a arte egípcia nada mais percebe que essa noção de impersonalidade coletiva [...].*

Aliás também poderíamos afirmar de muitas manifestações artísticas, adstritas ao princípio de utilidade, especialmente das adstritas ao princípio de utilidade religiosa, que elas prescindem da técnica individual.

Lembrarei outro argumento muito forte contra a minha afirmativa de que a técnica individual é imprescindível: o exemplo da arquitetura. A arquitetura é de tal forma regida pelo princípio de utilidade, de tal forma ela é condicionada às exigências da engenharia e à prática da vida, que um dos problemas bem discutidos e mais nebulosos da estética é resolver si a arquitetura é realmente uma das belas-artes, ou si entra para o conjunto das artes aplicadas. Ora, a arquitetura, enquanto boa arquitetura, é uma arte que se esquiva muitíssimo à técnica pessoal. Si vemos, por exemplo, o arquiteto Garnier ter um gesto genial de técnica individual resolvendo o problema do teatro, dividindo o edifício em três corpos funcionais distintos, o *foyer*, a sala de assistência e o palco, logo esta solução se tradicionaliza, é numerosamente usada, e de beleza se transforma em verdade, todos podendo se utilizar dela sem acusação de plágio. Os teatros municipais do Rio e de São Paulo repetem a solução da Ópera de Paris, sem que, por isso, Pereira Passos e Ramos de Azevedo possam ser acusados de plagiários. Na verdade se poderia afirmar, embora um pouco tiranicamente, que, em arquitetura, a criação de uma técnica pessoal bem acusada só serve pra criar obras extravagantes. É o caso da torre Eiffel, em Paris, que os senhores todos conhecem por certo, uma extravagância arrojada, muito própria de exposição universal. É também o caso, muito menos defensável ainda (pois não se trata de uma experiência comprovatória de uma técnica), do arquiteto catalão Antônio Gaudí, criador nosso contemporâneo da escola de Barcelona. Não nego a seriedade, a honestidade deste artista, mas, por mais que o respeite, sou obrigado a ver na sua obra de arquitetura menos arquitetura que o desapoderado espírito separatista da Catalunha. A sua igreja da Sagrada Família, em Barcelona, é bem mais que um pesadelo sentimental e pouco menos que um horror artístico.

Qualquer destes dois exemplos, o da arte egípcia condicionada ao princípio de utilidade religiosa e o da arquitetura condicionada ao princípio de utilidade funcional, é bom argumento de ordem geral pra contradizer a necessidade de uma técnica pessoal. Aduzirei contra eles apenas dois argumentos, também de ordem geral, pois que não é o momento agora pra análises mais particularizadas.

Em primeiro lugar, si é muito mais difícil ou mesmo impossível a um leigo distinguir uma moradia arquitetada por Le Corbusier de outra inventada por Flávio de Carvalho; si é dificílimo, mesmo a um estudioso longe da fonte, como seremos todos nós, observar as soluções de técnica pessoal entre duas estátuas da catedral de Burgos ou duas outras de tal dinastia egípcia, ao passo que nos é facílimo, mesmo de longe, distinguir um Rembrandt de um Velásquez, um Donatello de um Bernini, ou Mozart de Haydn; nem por isso aquela distinção deixa de existir. A um olho perito as diferenciações não escaparão; e o próprio Maspero, reconhecendo a impersonalidade da arte egípcia, se viu obrigado a acrescentar que "o temperamento pessoal do indivíduo não se revela *sinão* por detalhes de fatura quase imperceptíveis". Por esta confissão se prova pois que a impersonalidade geral não deixa nunca de ceder aos pormenores pessoais de fatura, da mão que treme ao fazer, da criatura que sente ao criar.

Além deste argumento de ordem psicológica, outro, de ordem histórica, se afirma violentamente. É que, si em épocas passadas, em geral muito distantes de nós, os diversos princípios de utilidade dominavam a criação artística e esta sujeitava-se aos ritos, às liturgias inamovíveis tanto de ordem religiosa como de ordem profana, vários elementos foram se desenvolvendo aos poucos no fenômeno da criação artística, foram, por assim dizer, se tornando mais conscientes ao artista. Este é o caso da beleza, como elemento intrínseco da arte. Esse é o caso do individualismo como elemento intrínseco do artista.

A noção da beleza está claro que sempre existiu, sendo ela uma das três grandes ideias normativas do ser humano. Apenas, em muitas manifestações artísticas anteriores a Cristo, ou isentas da concepção da primordialidade do indivíduo que o Cristianismo nos trouxe, o princípio de utilidade condicionava de tal forma a criação artística que a beleza era muito mais uma consequência que uma das finalidades da obra de arte. A beleza era apenas um meio de encantação aplicado a uma obra que se destinava a fins utilitários muito distantes dela. De outra forma não se compreenderiam as admiráveis pinturas dos homens madalenianos das cavernas de Altamira, na Espanha. Em recantos escuríssimos, onde não penetra a luz do dia, os caçadores da rena esconderam obras de arte perfeitas como realismo e espírito de síntese. Ora, a beleza nas artes plásticas requer, antes de mais nada, luz que a faça viver. Certamente essas pinturas admiráveis não se destinavam à contemplação humana; eram utensílios quer de religião, quer de magia, tinham uma utilidade prática, para aqueles homens, imediata. E a beleza era naquelas pinturas das cavernas uma resultante da necessidade de tornar a pintura um utensílio místico capaz de servir.

E ocasionada por estes princípios primordiais, sempre reconhecida, mas desigualmente aplicada, mais conscientemente procurada entre gregos e romanos que entre egípcios e assírios, mais pretendida entre os polinesianos que entre os negros do Benin, só mesmo com o Renascimento, já na era cristã, é que a beleza principiou se impondo como finalidade, nas artes plásticas. Desde então, e cada vez mais, ela se tornou o objeto principal de pesquisa para o artista, e, por uma conversão natural de conceito, a beleza, pesquisada por si mesma, se tornou essencialmente objetiva e experimental, materialista por excelência, pra não dizer por exclusividade.

Peço desculpa de apresentar assim abruptamente um problema de tamanha delicadeza crítica, como é este da rápida, da verdadeiramente brutal materialização da beleza, causada no Renascimento pela revalorização, ou milhor, pela colocação nova da beleza dentro do problema da criação artística. Deverá ser este um objeto de pesquisas cuidadosas em nossas aulas.

Por hoje, apenas uma pequena consideração, novamente sobre os gregos e egípcios, vai nos dar uma prova em bruto de que a primazia assumida pela beleza na criação artística, durante o Renascimento, tornou-a imediatamente experimental e, por consequência, materialista e quase exclusivamente técnica. Contemplemos o chamado "nariz grego" ou o hieratismo da escultura egípcia. Buscando os egípcios figurar na pedra indivíduos ou deuses que iriam, por meio de uma de suas almas, de um dos seus "Ka", como eles diziam, habitar aquela pedra figurada, simplificaram ao mais possível a escultura, pra que ela resistisse o mais possível, ou mesmo eternamente, à corrupção do tempo. Daí ter a escultura em pedra dos egípcios obedecido o mais possível às exigências da pedra. Porque sendo a pedra resistente ao tempo, resistiria a escultura que lhe conservasse as propriedades mais intrínsecas. E assim a escultura egípcia tomou aquele maravilhoso caráter hierático, aquela dureza, aquela rijeza inamovível, de uma serenidade, de uma eternidade incomparáveis. Há realmente um quê de humano sobre-humano nessas guras sublimes. Nelas reside realmente, desculpem o exagero, nelas reside realmente uma alma, porque essas estátuas apresentam, como nenhumas de outras épocas, nem mesmo os budas asiáticos, a noção de eternidade.

Com os gregos, já estamos num outro mundo, mais atento às forças da vida terrestre. Mas esta vida terrestre pra eles é ainda uma vida de rito, porque profundamente social. O indivíduo era pouco ou nada concebido lá. Assim, si a escultura grega abandona de uma vez o problema da eternidade e se torna muito mais naturalista, porque os gregos já estavam muito mais orientados pelas sensualidades da vida terrestre, jamais a estatuária grega da grande época se tornou realista, porque a determinava um conceito social da vida. Imitadores do corpo humano, e não apenas baseados nele como os egípcios, os gregos da grande época jamais conseguiram descobrir, no corpo humano, o indivíduo. Ao invés de tipos, criaram protótipos, transportando a realidade a uma idealidade superior, de ordem utilitária e de função social unitarista, unionista, unanimista. Daí o nariz grego, essa fusão perfilar de testa e nariz a uma linha praticamente reta, que se tornou um ideal de beleza, por todos repetido.

Mas o sentimento de eternidade, dos egípcios, como o nariz reto, dos gregos, criticamente falando, não eram apenas um ideal de beleza, *eram também uma beleza ideal*. Quero dizer: a sensação de beleza que essa estatuária nos dá não tira o seu alimento apenas das linhas, dos volumes, dos claros-escuros, etc., sinão que se alimenta também de necessidades outras, de exigências espirituais do indivíduo e sua finalidade. É um ideal necessário à coletividade. Estamos por certo aqui em dois momentos dos mais sublimes, dos mais complexos e completos, dos mais perfeitos da arte tendo como finalidade a obra de arte, condicionada aos destinos totais de ser humano que a faz.

Ora, no Renascimento, especialmente já no alto Renascimento, com Ticiano, com Velásquez, com Rubens, com Rembrandt, com o Poussin, si cada vez mais o "ideal de beleza" plástica é procurado, raramente encontraremos essa noção da "beleza ideal". A beleza se desidealiza, a beleza se materializa, se torna objeto de uma pesquisa de caráter objetivo, ao mesmo tempo que o individualismo se acentua. Nem se pode mais decidir com clareza si, nas artes plásticas pelo menos, o individualismo é uma consequência da materialização da beleza, ou si esta é uma consequência daquele, de tal forma ambos se deduzem um do outro. Apenas o que podemos verificar historicamente, dos tempos do Renascimento até nossos dias, é que si a beleza meramente objetiva é um conceito que não se submete a uma progressão gradual, é mais consciente nuns e menos noutros artistas, não sofre o que propriamente se chamaria de evolução, pelo contrário o individualismo veio se acentuando sempre cada vez mais, até culminar no desbragado experimentalismo contemporâneo, que tanto experimenta objetivamente, com o Cubismo e os abstracionistas, como subjetivamente com o Expressionismo e os super-realistas [surrealistas].

Sem dúvida esta compreensão crítica exposta aqui parece que se opõe fortemente àquele convidativo pensamento[6] de Eugênio d'Ors que dá como origem da arte contemporânea o conflito entre a sabedoria grega e a inquietação ibérica. Si o grego sujeitava o belo às suas regras, o ibero foge constantemente das dele; o grego é repouso, o ibero, movimento; o primeiro goza plenamente do seu ser humano, ao passo que o segundo sente que o homem só é verdadeiramente homem sob a condição de se ultrapassar a si mesmo e se erguer até junto da divindade. Realmente, tenho bastante medo destas antíteses bem achadas, que pelo seu brilho são muito facilmente confundidas com a verdade. Mas, naquilo que o pensamento do espanhol tem de acertado, a maior, a esplêndida sabedoria grega que soube sujeitar o ideal da beleza às regras duma beleza ideal, e na maior inquietação perquiridora do mundo latino: o pensamento de Eugênio d'Ors em nada se opõe ao que armei. Apenas vejo que, do Renascimento aos nossos dias, há uma como que materialização geral da pesquisa artística, em que o homem, como atitude, menos que erguer-se até a divindade, busca partici-

---

6 In: F. Lefèvre, Les Matinées du Hêtre Rouge, p. 32.

par da natureza desta mesma divindade. E, com efeito, por milhares de vezes teremos visto, nos livros, nos jornais e nos discursos, essa frágil e fácil confusão do artista criador com o Deus criador – mero jogo de atributos parcialmente identificáveis. Pra não dizer, mero jogo de palavras...

Ora, com essa pesquisa experimental da beleza e com esse individualismo, que se impuseram na arte desde o Renascimento, a técnica pessoal tomou importância não só de grande primazia, como de verdadeira fatalidade. Não se trata mais apenas daqueles "detalhes de fatura quase imperceptíveis" que Maspero denunciava dentro da vasta impersonalidade da arte egípcia, é antes de mais nada uma consequência do espírito do tempo, uma necessidade imperiosa e imprescindível do vastíssimo personalismo da arte contemporânea. E si sempre existiram e são psicologicamente fatais as minúsculas diferenciações da fatura, essa técnica pessoal, *essa procura técnica de resolver o seu problema pessoal diante da obra de arte*, se acresceu contemporaneamente de mais essa outra igualmente imperiosa fatalidade, que é o espírito do tempo. É verdadeiramente dramático, é sobre todos trágico o aspecto da arte contemporânea, sob este ponto de vista. Vêm os modernos, vêm os modernistas, vêm os futuristas, os cubistas, todos eles de bandeiras novas na mão. Esses ao menos têm a lealdade de se dizerem representantes do espírito do tempo. Mas da outra banda nos chegam os reacionários, os que se revoltam contra os modernos em nome de não sei que "leis eternas da beleza"; vêm mesmo os que se intitulam de "antimodernos", ingenuamente virtuosísticos, falando em nome do passado, ou da tradição, ou apenas do bom-senso. Ou ainda, mais vaidosamente, em nome apenas do senso-comum! Na verdade não são todos estes, reacionários, tradicionalistas ou antimodernos, sinão representantes fatais do mesmo espírito do tempo, e cada um deles *traz sua receita, sua solução, sua verdade pessoal.*[7]

Não temos que aprofundar nem levar mais longe o problema, para reconhecer a necessidade imprescindível de uma técnica pessoal. O espírito do tempo a exigirá de quantos se queiram artistas criadores legítimos.

Mas esta técnica pessoal é inensinável, porém; cada qual terá que procurar e achar a sua, pra poder se expressar com legitimidade. E não derivará disso, não digo a grandeza de manifestações diversas da arte contemporânea, mas a incontestável desorientação, o incontestável caos, o "caoticismo" da arte atual?... Estou convencido que não. A técnica, por mais que ela possa ser concebida como expressão de um indivíduo e da sua atitude em face da vida e da obra de arte, não pode de forma alguma levar ao caos e à desorientação. Não pode, simplesmente porque ela é um fruto de relação entre um espírito e o material. E si, psicologicamente, podemos conceber um espírito tão vaidoso de suas vontadinhas que se sujeite, que se escravize as mais desbridadas liberdades, a matéria por seu lado, isto é, a pedra, o óleo, o lápis, o som, a palavra, o gesto, a tela, o pincel, o camartelo, a voz, etc., etc., tem suas

---

7 É exatamente a "verdade interior" de que falei atrás, pois ninguém procura solucionar os problemas que não imagina ter. Si a sétima de dominante foi um problema para Monteverdi, não o poderá mais ser pra Francisco Mignone.

leis, porventura flexíveis mas certas, tem suas exigências naturais, que condicionam o espírito. A "técnica", no sentido em que a estou concebendo e me parece universal, é um fenômeno de relação entre o artista e a matéria que ele move. E si o espírito não tem limites na criação, a matéria o limita na criatura.

O caoticismo, a desorientação de grande parte das artes contemporâneas, não deriva da variabilidade maravilhosa da técnica pessoal; deriva, sim, a meu ver, em muitos artistas, da ausência de uma atitude... mais ou menos filosófica. Deixem passar este "mais ou menos", que se explicará logo. E é para a obtenção desta atitude "mais ou menos" filosófica em face da arte que intervêm o espírito desta universidade e as conversas deste curso. Iniciando as minhas aulas, quero prevenir, desde logo, que serei muito mais um comentador que um teórico. Vou apenas ensaiar um sistema de conversas que, através da História da Arte, consiga dar, aos meus companheiros de curso, muito mais uma limitação de conceitos estéticos que uma fixação deles. Um curso que, pelo seu aspecto de experimentalismo crítico sobre a História da Arte, será muito mais o convite à aquisição de uma séria consciência artística que a imposição de um sistema estético, de uma Estética perfeitamente orgânica e lógica e, por isso mesmo, para o artista, asfixiante e enceguecedora.

Sem dúvida, uma orientação assim poderá ser porta aberta ao ecletismo, em todo o mau sentido que possa ter esta palavra: o ecletismo, que é acomodatício e máscara de todas as covardias. Mas a limitação dos conceitos estéticos, a aquisição de uma verdadeira atitude artística, deverá evitar os males do ecletismo.

Mas por que a gente preferir apenas a aquisição de uma consciência artística, ao invés de uma Filosofia da Arte, orgânica e possivelmente lógica?... Porque estamos aqui entre pessoas que se destinam a artistas; e não cabe ao artista, a meu ver, pelo menos é perigosíssima, a fixação de um sistema filosófico da arte, que lhe iria limitar a um dogmatismo científico a liberdade incontestavelmente mais trágica da arte.

Maurice Blondel[8] diz muito bem que

> *[...] si a estética fosse considerada uma espécie de metafísica nocional ou de superintendência, feita para embridar artistas, milhor seria destruí-la. Muito antes que ser subjugada por abstrações, a atividade artística deve contribuir pra que nos libertemos delas, pois é justamente a atividade artística que nos abre um dos caminhos mais penetrantes de introdução ao ser. Ela é que, concorrendo a uma "ciência do singular" e ao progresso, à salvaguarda do pensamento concreto, esposa e fecunda a metafísica verdadeira, ao invés de se escravizar à ideologia.*

Ao artista cabe apenas, é imprescindível a meu ver, *adquirir uma severa consciência artística que o... moralize, si posso me exprimir assim*. Só esta severa atitude, antes de mais nada humana, é

---

8 In: F. Lefèvre, op. cit., p. 24.

que deve na realidade orientar e coordenar a criação. Shulze-Soelde[9] lembra, em boa metáfora, que para o esteta a beleza é uma criada que o serve, ao passo que para o artista é uma criança de que ele se utiliza. Si esta não será a verdade inteira, a imagem serve bem pra caracterizar o lado de obediência do artista diante de elementos que têm pra com ele a complexidade, a variabilidade, a inconstância e a independência da própria infância. A História da Arte está aí para demonstrar a verdade desta afirmativa. Jamais um artista legítimo se prendeu ao dogmatismo de uma estética perfeitamente orgânica. Esta cabe aos filósofos; e todas as doutrinas estéticas até agora jamais puderam explicar ou mesmo aceitar todas as obras-primas da humanidade. Jamais os artistas verdadeiros ficaram, em suas obras, nos limites doutrinários que se prefixaram. Foram sempre além, saltaram sempre fora das limitações preestabelecidas. Lembrarei mais uma vez aqui o exemplo clássico do Humanismo, querendo repetir em toda a sua estética a tragédia grega, e criando a ópera italiana? Lembrarei mais apenas, como caso contrário, a frieza aplicada do pré-rafaelismo inglês, um dos poucos exemplos históricos de um sistema estético dogmaticamente expresso em arte. Mas entre esta expressão legítima da mediocridade e os italianos anteriores a Rafael, vai um mundo. É porque realmente, em arte, a regra deverá ser apenas uma norma e jamais uma lei. O artista que vive dentro de suas leis será sempre um satisfeito. E um medíocre.

E por que, como disse, pretenderei dar aos meus discípulos muito mais uma limitação de conceitos que uma fixação deles? Aqui a

---

9 Das Gesetz der Schönheit, p. 14.

resposta é bem mais grave e difícil. Ousarei, primeiramente, afirmar que jamais pude me prender a conceitos perfeitamente nítidos do Belo, da Arte, da Criação, do Artista, do Espectador, *da Técnica*, do Sentimento ou da Expressão, da Matéria e da Forma?... Essa é a verdade, porém. Devo confessar preliminarmente que eu não sei o que é o Belo e nem sei o que é a Arte. Através de todos os filósofos que percorri, num primeiro e talvez fátuo anseio de saber, jamais um conceito deixou de se quebrar diante de novas experiências. Eu não sei o que é o Belo. Eu não sei o que é a Arte. E no entanto, incapaz de conceituá-los com firmeza, seria, não modesto, mas perfeitamente injusto com o meu espírito e traidor dos que me trouxeram a esta cadeira, si negasse sentir, direi mais, intuicionar o que são arte e beleza.

Eu tenho em minha casa uma coleção bem regular de cabeças esculpidas. São cabeças talhadas em madeira por índios civilizados de Pernambuco, são ex-votos surripiados de igrejas antigas, são cerâmicas colhidas em cemitérios de escravos, são bronzes de escultores eruditos ou modelagens infantis. Uma feita um escultor, em visita, separou um busto em madeira, vindo da Meirim pernambucana, e uma cabeça de barro cozido encontrada num cemitério de Campinas. E me disse: "Estas duas cabeças são esplêndidas, têm um espírito...". Concordei perfeitamente com a observação do escultor. Aquelas duas cabeças tinham um "espírito"... Depois, só comigo, me pus pensamenteando: O que queria dizer exatamente essa palavra "espírito", bastante comum em crítica de arte e na terminologia dos artistas? Simples calão de ateliê? Mesmo assim, qual o conceito perfeitamente nítido dessa palavra? Significaria "vida interior?". Certamente não significaria somente isso, nem inteiramente isso. Significaria uma nobreza rítmica de linhas que, abandonando a chatice realística, como que espiritualizava as formas, deixando-as flutuantes entre a verdade e o nosso pressuposto de perfeição? Também não era somente isso, nem isso inteiramente. É preferível ficar na entressombra fecunda, que é só onde podem nascer as assombrações. A fixação dos conceitos nos levaria fatalmente a uma organização sistemática do nosso pensamento artístico, nos levaria a uma Estética, nos levaria a filósofos, sinão a filosofantes, e não aos artistas que devemos ser.

Já uma limitação de conceitos não é apenas necessária aos artistas, mas imprescindível. Sem isso, creio não se poderá nunca ser artista verdadeiro. Principalmente em nosso tempo, em que campeia o individualismo mais desenfreado, e o artista se tornou um joguete de suas próprias liberdades. Mesmo nos países de organização social ditatorial, como a Rússia ou a Alemanha, as restrições até agora impostas à liberdade do artista são restrições meramente sociais. Pra não dizer meramente ditatoriais.

Quero dizer: não derivam de forma alguma das necessidades da obra de arte e do múltiplo e obscuro destino da arte. Não derivam de um justo equilíbrio entre a arte e o social, entre o artista e a sociedade. Derivam só do social, derivam só da necessidade de se defender, que tem as instituições novas. De forma que o artista, pelo menos por enquanto, dentro dessas sociedades ditatoriais, não adquiriu aquela humildade, aquele retorno a mero artesão que teve no Egito e mesmo na Idade Média. Deixa de ser um artista livre e não retorna a anônimo artesão. Transformou-se essencialmente num orador de comício, mais ou menos pragmaticamente disfarçado sob a máscara da arte. Enfim, ao invés de uma atitude estética,[10] ele assume uma atitude social. O equilíbrio ainda não se conseguiu, como o prova até a própria obra trágica e maravilhosa desse genial Chostacovitz.

E é justamente isto que uma limitação de conceitos estéticos deve e pode dar ao artista: uma atitude estética diante da arte, diante da vida. E é isso justamente, essa atitude estética, o que falta à grande maioria dos artistas contemporâneos: essa contemplação, essa serenidade oposta ao enceguecimento de paixões e interesses, como a caracterizava Schiller. *E é justamente por isso que também, numa enorme maioria, eles puseram de lado essa importantíssima parte do artesanato que deve haver na arte, que tem de haver nela pra que ela se torne legitimamente arte.*

Si desde a Grécia, pelo menos, percorremos as confissões, os escritos, os ditos dos artistas verdadeiros, mesmo os que menos se confessaram, vemos sempre que todos eles tiveram conscientemente uma atitude estética diante da arte que faziam. Descobrimos em todos eles, mesmo nos que nos parecem mais fatalizados pelas deformações do tempo ou das liberdades pessoais, como um Miguel Anjo, um Mozart, um Goethe, descobrimos em todos eles uma segura vontade estética, uma humildade e segurança na pesquisa, um respeito à obra de arte em si, uma obediência ao artesanato, que já não me parecem existir na maioria dos contemporâneos.

---

10 Falo "estética", não enquanto "ciência do belo", mas por ser fundamentalmente a beleza o elemento normativo diferenciador do fenômeno artístico.

Quando deixei São Paulo se abrira lá o Salão de Maio, interessantíssimo, apaixonante mesmo, pela multiplicidade e uniformidade das suas manifestações. O Salão de Maio é admissível apenas a artistas "modernos" – e, a meu ver, ele é um exemplo excelente da arte contemporânea, sob o ponto de vista que tratamos: a falta de uma verdadeira atitude estética na maioria dos artistas vivos. À primeira vista se tem a impressão de uma pesquisa humilde e apaixonada, quer da expressividade do material, quer da expressão do nosso ser interior. Mas, à medida que se examina mais profundamente esses técnicos pretendidamente obedientes aos mandos do material, ou esses abstracionistas pretendidamente obedientes aos efeitos estéticos das construções, ou esses sobrerrealistas [surrealistas] pretensamente obedientes ao subconsciente, ao sonho, às associações de imagens, a gente percebe que quase todos eles, embora sinceríssimos, são muito menos pesquisadores que orgulhosos afirmadores de si mesmos.

O que lhes determina a ação não é, de forma alguma, aquela vontade estética, aquela atitude estética que determinou a obra, na aparência tão individualisticamente afirmativa, de um Greco, de um Rembrandt, ou mesmo de um Canova. Em vez de uma vontade estética, o que domina a maioria dos artistas do Salão de Maio é *uma vaidade de ser artista*. Em vez de uma atitude artística, é uma atitude sentimental. De forma que pra eles a obra de arte quase desaparece ante essa desmedida inação e imposição do eu. Não pesquisam, em verdade, sobre o material. Não pesquisam siquer sobre si mesmos, o que também pode ser uma atitude estética. Não são pesquisadores. São escravos da determinação contemporânea *de que é preciso pesquisar*. E o resultado é esse engano de descobrirem, descobrirem não, de imporem uma ou outra suposta verdade. E imporem, afirmarem essa verdade numa obra de arte, que não é mais o objeto de uma pesquisa, mas apenas o veículo de uma mais ou menos gratuita afirmação. Um grande, um doloroso, um verdadeiramente trágico engano.

Há uma incongruência bem sutil em nosso tempo. Na história das artes, estamos num período que muito parece ter pesquisado e que, no entanto, é dos mais afirmativos, dos mais vaidosos, dos menos humildes diante da obra de arte. Há, por certo, em todos os artistas contemporâneos, uma desesperada, uma desapoderada vontade de acertar. Mas a inação do individualismo, a inação da estética experimental, a inação do psicologismo, desnortearam o verdadeiro objeto da arte. Hoje, o objeto da arte não é mais a obra de arte, mas o artista. E não poderá haver maior engano.

Faz-se necessário urgentemente que a arte retorne às suas fontes legítimas. Faz-se imprescindível que adquiramos uma perfeita consciência, direi mais, um perfeito comportamento artístico diante da vida, uma atitude estética disciplinada, apaixonadamente insubversível, livre mas legítima, severa apesar de insubmissa, disciplina de todo o ser, para que alcancemos realmente a arte. Só então o indivíduo retornará ao humano. Porque na arte verdadeira o humano é a fatalidade.

ENTREVISTA A JOEL SILVEIRA
(VAMOS LER, ABRIL DE 1939)

Antes de 1922 era um poeta cheio de forma impecável, quase um alexandrino. Depois houve a "*debacle*". Foi por aí, precisamente, que o lutador tomou sua verdadeira característica e surgiu, com força e energia. Formou nos primeiros grupos revolucionários que, ao lado de Graça Aranha, transformaram radicalmente a literatura nacional. Foi, também, um dos vanguardeiros na luta por um Brasil mais sozinho, um Brasil que se fizesse, repentinamente, conhecido dos brasileiros. Na "Semana de Arte Moderna", apareceu como uma das figuras marcantes. Hoje está provado que esta "Semana de Arte Moderna" não resolveu lá grande coisa. Pelo que se depreende agora, chega-se à conclusão triste e decepcionante que os discursos e o excesso de ideias atrapalham tudo... Com ela ou sem ela, a literatura seguiria, logicamente, este caminho que vem tomando. O clima lá de fora tinha que influir por força. Mas, de qualquer maneira, a Semana de Arte Moderna apressou a carreira. E há mesmo quem diga, hoje, que a Revolução de 30 nada mais foi que uma consequência da Revolução de 22.

Daí esse interesse notável que Mário de Andrade vem despertando, de uns 12 anos para cá, dentro da literatura nacional. E dentro dela, ele é, sem dúvida, um dos capítulos mais pitorescos, digamos assim. Uma paisagem estranha, quase sem uniformidade. Excesso de temas. Emaranhado de assuntos. É que o homem, meus senhores, entende de tudo, opina sobre tudo. Desde a música até à crítica teatral. E da crítica teatral à crítica dos livros. Cada ano encontra Mário de Andrade fazendo alguma coisa de novo. Não descansa. Sabe unir a ação prática de um Roquette Pinto, por exemplo, à criação intelectual de um José Lins do Rego ou de um Jorge Amado. Fértil e inesgotável. Revolucionário em tudo que faz ou cria. No estilo, na poesia, na prosa, nos ensaios de cultura. O que define melhor Mário de Andrade é que ele, em tudo que escreve, dá sempre a sua opinião. Às vezes nem chega a respeitar a opinião dos outros. Pouco importa. O que importa é que a sua opinião é a certa: olhem bem, vejam como eu digo, meditem sobre as minhas considerações. Talvez não seja um literato. Ou talvez seja somente um literato.

Este capítulo pitoresco da literatura brasileira, da nova literatura do Brasil, anda atualmente por estas plagas. Pensamos nele. O melhor lugar para se encontrar Mário de Andrade é na rua. Ele pouco fica em casa. A rua é seu mundo. E dentro deste mundo o oásis predileto é aquela mesa ao ar livre, no "Amarelinho". Mesa que vai passar, sem dúvida, para a história da arte e da literatura do nosso país. Todas as tardes o grupo é ali animadíssimo e precioso. Portinari, Santa Rosa, José Lins do Rego, Rubem Braga, Mário de Andrade, Graciliano Ramos – todos eles vão para ali discutir, conversar, tomar "chopp". Quem passa por fora nota logo que aqueles homens são seres estranhos. Eles falam e gesticulam demais. Foi, pois, no "Amarelinho" que fomos encontrar o autor de Macunaíma.

Ainda era cedo, a tarde começava, e Mário de Andrade estava sozinho, lendo um vespertino. Aproximamo-nos:

Dá licença?

Ele virou-se, meio assustado, endireitou os óculos grossos: "Pode sentar".

Vim lhe segurar para uma entrevista. Pode ser?

Entrevista para onde?

Para a série que estou fazendo no *Vamos Ler!*

É, tenho lido. Gostei muito da do José Lins. Mas acho que não vou ter muita coisa para contar. Você quer saber é da vida da gente, não é?

Da vida e da obra. Aliás prefiro que você vá conversando sobre o que achar interessante. Eu vou tomando minhas notas.

Ah! bem. Então escute. Mas... Você não quer fazer uma pergunta inicial? Para eu poder coordenar o assunto, compreende?

Pois sim. Vai aí a mais simples: em que ano você nasceu?

Nasci em 1893, em São Paulo.

E por aí continuou. Falou quase uma hora e das notas que conseguimos apanhar, tiramos tudo isto que vai aí em baixo. Mário de Andrade foi um dos artistas revolucionários que principiaram a usar sistematicamente nos seus livros a língua nacional, libertando o estilo literário no Brasil das regras gramaticais da língua de Portugal. Livros como o *Clã do Jaboti* (poesia), contos como os de *Belazarte* e a rapsódia romanceada do *Macunaíma* (talvez a obra principal do escritor) são inteiramente libertos de preocupações que não sejam americanas e brasileiras, e vazadas numa linguagem que positivamente não corresponde mais às regras psicológicas e técnicas do português de Portugal. O seu livro, *Pauliceia desvairada*, representa uma das principais contribuições ao assunto e foi a primeira obra a usar sistematicamente o verso livre no Brasil em 1920. O movimento de renovação das artes no Brasil e libertação do espírito acadêmico, movimento que estourou com a "Semana de Arte Moderna", realizada em São Paulo, e que revolucionou as artes brasileiras, teve em *Pauliceia desvairada*, publicado nesse mesmo ano da "Semana" (1922, um dos seus principais gritos de combate).

Como musicista, Mário de Andrade se dirigiu francamente para as pesquisas da nacionalização da música brasileira. Dedicou-se principalmente, nesse sentido, à crítica e às pesquisas folclóricas, principalmente musicais. Suas obras técnicas mais importantes, como o *Ensaio sobre a música brasileira*, as *Modinhas imperiais*, o livro de crítica, *Música, doce música*, são francamente orientados nesse sentido da pesquisa da coisa nacional. O *Ensaio* supra citado pode ser tido por uma das primeiras obras, senão a primeira, que deram aos estudos de folclore musical, no Brasil, uma orientação verdadeiramente científica.

Essa orientação, Mário de Andrade a desenvolveu, em seguida, como Diretor do Departamento de Cultura de São Paulo, cargo que ocupou desde a fundação do Departamento, até maio de 1938. Nesse Departamento iniciou curso de Etnografia e Folclore. Fundou a Sociedade de Etnografia e Folclore, que está fazendo os primeiros estudos sul-americanos de cartografia folclórica. E criou a Discoteca Pública de São Paulo, que além do arquivo folclórico-musical brasileiro, gravado por meios não mecânicos, está gravando em discos e filmando as canções e bailados populares do país.

Recentemente, por sua iniciativa, o Departamento de Cultura realizou o Congresso da Língua Nacional Cantada, que reuniu os maiores filólogos, musicólogos e compositores do país e mais uma centena de instituições pedagógicas e artísticas do Brasil. Ainda por iniciativa de Mário de Andrade deu-se andamento em São Paulo das Primeiras Casas de Cultura Proletária, cuja organização técnica lhe pertence. Foi ainda autor do ante-projeto de que derivou a Serviço do Patrimônio Histórico e Artístico Nacional, destinado ao tombamento, proteção e estudo do patrimônio artístico do país. Em 1938, transferindo-se para o Rio de Janeiro, Mário de Andrade assumiu o cargo de Diretor do Instituto de Artes, na Universidade do Distrito Federal, onde está regendo ainda a cátedra de História e Filosofia da Arte.

A conversa de Mário de Andrade nada tem de pretensiosa. O escritor fala como se estivesse contando coisas já por demais sabidas e que nunca é demais repetir. O que ele ama, acima de tudo, é esta movimentação crescente, esta angústia de estar sempre fazendo alguma coisa. Aquela cabeça parece que nunca conheceu descanso. Dali já saíram as ideias mais originais, quase absurdas. E quantas ainda não vivem lá dentro, espremidas, doidas para verem a luz do sol?

Eu poderia botar um ponto final aqui na minha vida. Estamos em pleno ano de 1939, num belíssimo e ensolarado abril. Muito bem. Mas você acha que é hora pra outra? Eu não acho. Tenho cá para comigo que quem começa a luta deve ir até o fim. E eu vou.

Minha vida absolutamente não terminou. Estou vivendo plenamente a hora presente vivendo de um modo absoluto. E tenciono viver, com a mesma energia e desassombro, as horas próximas do futuro. Logo notamos que chegara a hora das perguntas. E tínhamos algumas já engatilhadas.

Mário, quantos livros você já escreveu? Podia me dar a lista completa?

Lista não dou. Mas vou dizendo. É muito mais prático. O meu primeiro livro chamou-se *Há uma gota de sangue em cada poema*, livro de versos, que apareceu em 1917. Seguiu-se a famigerada *Pauliceia desvairada*, que, como já lhe disse, foi posto a venda em 1922. Depois veio *A escrava que não é Isaura*, arte poética, em 1925, *Losango cáqui* em 1926, também poesia, *Primeiro andar*, contos, em 1928 (do qual apareceu em 1932, uma nova edição), *Amar, verbo intransitivo*, romance, em 1927 (traduzido em 1933 para o inglês com o nome de *Fraulein*, e posto à venda em Nova York naquele mesmo ano), *Clã do Jaboti*, poesia, em 1927, *Macunaíma*, rapsódia, em 1928 (nova edição em 1937), *Ensaio sobre a música brasileira*, em 1928. *Compêndio de história da música*, em 1929 (e mais duas edições em 1933 e 1936), *Modinhas imperiais*, em 1930, *Belazarte*, contos em 1934, *Música, doce música*, crítica, em 1937, *O samba rural paulista*, folclore, em 1937, *O Aleijadinho e Alvares de Azevedo*, crítica, em 1936 e *Namoros com a Medicina*, um livro de etnografia e folclore, que apareceu este ano.

E sobre viagens? Tem viajado muito?

Nunca saí do Brasil, a não ser em pequenas incursões nos limites do Peru e da Bolívia. Em compensação conheço quase todo o meu país, tendo mesmo feito pormenorizadas viagens de estudo pelo Nordeste, pela Amazônia e por Minas Gerais.

Nota-se sempre em seus livros a presença do Brasil. Considera-se um nacionalista convicto?

Não. Apesar de minha orientação nacional, não sou um "nacionalista" no sentido apologista desta palavra. Considero-me um cidadão do mundo, e se trabalho a coisa brasileira, é pelo interesse humano que isso tem.

E como vive dentro da vida? Suas preferências?

Gosto de comer e beber bem. Exerço a preguiça sistematicamente porque considero a preguiça uma necessidade para os povos de climas quentes. De resto, somente um pequeno contato com as minhas obras, me demonstra muito mais marcado pelo tropicalismo que propriamente pelo nacionalismo.

Abrimos aqui um parênteses para assinalar mais uma originalidade deste espírito incomum. Mário de Andrade possui uma bela biblioteca e é bibliófilo. Tendo o bom gosto de conservar intactos os livros que lhe dedicam, compra outro exemplar da obra para lê-la. Possui assim a mais bela coleção de duplicatas da bibliofilia nacional. Sua coleção de gravuras e desenhos é também notável com mais de mil documentos. Do mesmo interesse é a sua coleção de obras de arte populares brasileiras (sic). Continuamos com nossas perguntas, aproveitando o bom humor do escritor:

Sua obra tem recebido muitas restrições e ataques?

Se tem, não sei. Nunca leio ataques à minha obra nem cartas anônimas. Só leio elogios. Quando me perguntam a razão desse método, respondo que leio os elogios porque eles não me impedem de guardar a opinião que tenho sobre minhas próprias obras; não leio os ataques porque podem ser verdadeiros e não leio as cartas anônimas porque tenho receio de modificar o juízo otimista que faço da humanidade.

Tem algum livro novo no prelo?

Tenho um livro de poemas: *Girassol da madrugada*, que sairá em edição limitada, ilustrado por Santa Rosa. E preparo também um romance que pretendo terminar ainda este ano e que, talvez provisoriamente, tem o título *Quatro pessoas*.

E fazendo um ar sarcástico:

É excusado dizer que as quatro pessoas são principalmente três.

E ...

Não, rapaz. Basta de perguntas. Vamos gozar a tarde. Você já tem material bastante para fazer o seu "vale". Vamos tomar pacificamente o nosso "chopp".

E ali ficamos por mais quase uma hora a "gozar a tarde". Outros intelectuais foram se chegando, e logo era uma volta cerrada em torno da banca, onde Mário de Andrade, com aqueles óculos enormes aquela risada ribombante, pontificava como um deus, pletórico de saúde e humor.

CARTA A ONEYDA ALVARENGA
(1940)

Rio, 14-IX-40

Oneida

Vou começar esta noite uma carta a você que não sei si acabo amanhã nem quando. Mas sua última carta falando tão energicamente sobre a necessidade imprescindível do conhecimento técnico para compreensão da obra-de-arte, não só exige que eu explique o meu pensamento a você, mas o esclareça a mim mesmo com alguma extensão. Deve ser um bocado de egoísmo, porém a verdade é que como em toda a minha vida me dediquei ao conhecimento mais ou menos estético-técnico (desculpe...) de todas as artes, não tenho muito pensado sobre o assunto que você me propõe. Ou melhor, não tenho pensado mais extensivamente sobre o meu próprio pensamento a respeito disso. O que mais tenho feito é de vez em quando dar uns trancos, em artigos, nos artistas que exigem dos escritores que os admiram e sobre eles escrevem, que conheçam tecnicamente as artes lá deles, seja a pintura ou seja a música. Assim vou me deixar pensandinho nesta carta, sem norma nem programa, sem tempo nem pressa, até chegar a alguma conclusão que ainda não sei bem qual seja.

(...)

Deixo de parte a sua argumentação, porque, como falei, meu desejo é pensar sobre o meu próprio pensamento pra saber exatamente o que penso. A Tese a esclarecer, pode se enunciar assim: É preciso ou não o conhecimento técnico de uma arte para compreensão das suas obras?

Há uma resposta um pouco fácil a dar: Quanto maior conhecimento tivermos de uma determinada especialidade, mais temos possibilidade de compreender profundamente o que se realiza dentro dessa especialidade.

Talvez 99% das pessoas deste mundo estejam de acordo com essa resposta, que me parece completamente desnorteadora da verdade. O conhecimento, especialmente o conhecimento técnico, é 99 vezes sobre cem um elemento reacionário e conservador. Nós somos todos instintivamente levados a reagir contra tudo o que quebra os nossos hábitos (o conhecimento, em última análise, é um hábito adquirido), porque essa reação é uma forma defensiva da vida. E veja que contradição: O homem só vive para morrer. E na verdade, a reação defensiva de vida, que temos ante o que quebra um hábito ou um conhecimento nosso, é um processo intelectual não defensor da vida, mas propiciador de morte, pois que tende para a estagnação, para a inércia. De forma que quem conhece uma técnica é irresistivelmente levado a reprovar, a repudiar mesmo, tudo quanto contradiz a tradição dessa técnica. Se você percorrer a história toda, social como intelectual, política como científica ou artística você verá que toda ela não passa dessa eterna incompreensão proveniente do conhecimento conservador. Porque nós só somos conservadores daquilo que conhecemos.

Você poderia argumentar: não "daquilo que conhecemos", mas "daquilo que supomos conhecer". Está certo, mas no fundo vem a dar no mesmo, Oneida. Porque a própria história humana toda prova que as reações conservadoras derivam principalmente, são organizadas e dirigidas pelos que de fato conhecem uma determinada especialidade pois que a sabiam até o ponto em que a inovação veio contrariar o conhecimento, o hábito adquirido. Veja como "conhecer" e "supor conhecer" se confundem, pois. Não é o Manuel da venda que vai reagir contra Stravinski nem vaiar o quadro cubista, mas os outros compositores e pintores, os estetas e os críticos, que irão gritar contra a ignorância, a loucura, a burrice e o cabotinismo.

Outra argumentação: se nada prova que é o conhecimento, especialmente o conhecimento técnico que está em melhores condições de nos dar a compreensão profunda de um fato, esse conhecimento prejudica quase sempre a realização de uma compreensão total. O conhecimento é essencialmente itinerante e analítico. Quanto mais desenvolvido ele é, mais ele tende a ser "estético", no sentido que esta palavra está tomando para os filósofos alemães modernos. Quero dizer: mais ele tende, livre e desinteressadamente, a se gozar a si mesmo, e a se fazer a si mesmo o objeto da sua própria atividade. Este é o grande, o constante perigo dos especialistas. Observe você um forte técnico de pintura como o Rossi, um forte e talentosíssimo técnico de composição como o Guarnieri, um admirável técnico do piano como o Teran, um (até este...) profundo técnico de poesia e de língua como o Manuel Bandeira (em seus livros antológicos). São uns miniaturistas da técnica, se transformam em verdadeiros míopes itinerantes, examinando a obra-de-arte de milímetro em milímetro. Aliás, já muito se tem blagueado sobre isto. É o Rossi ou o Segall que se espanta de gozo por causa deste "pedacinho aqui", milímetro quadrado de um vasto quadro. É o Teran que brada a escândalo porque Rubinstein não deu todas as notas que Schumann escreveu no segundo que dura o "Paganini" dentro de uma obra longa como o *Carnaval*. E o próprio Manuel Bandeira, tão mais compreensivo em si mesmo, repare as notas que pôs em suas antologias. Livros feitos para a generalidade alfabetizada, edições oficiais vendidas abaixo do custo, cheios de notas miniaturísticas, boleios raros de métrica, variantes de edições, datinhas — nada, nem um traço, nem uma reflexão, nada que ilumine mais uma obra para a compreensão de qualquer espécie de leitor. Mas enfim o Manuel está muito acima dos outros e para si mesmo jamais perde o equilíbrio. Mas os outros, quanto mais técnicos, quanto mais conhecedores, mais desequilibrados, mais supersticiosos, mais vítimas de gozar o seu próprio conhecimento.

Uma vez o enorme crítico elogiava para um grupo de amigos o último quadro do pintor Patapúm. Falou meia hora. Falou de um certo azul novo que o pintor descobrira, falou de um tom baixo genialmente colocado para salientar uns verdes, exaltou um prodigioso acorde de rosa, terra de Siena e cinza, evocou as "cadências" de Cézanne, elogiou o "espírito" de uma linha, glorificou a subtileza das pinceladas, falou muito e se calou. Os admiradores cada vez mais excitados de curiosidade. Mas como o enorme crítico continuasse calado e parecendo disposto a não falar mais, um dos ouvintes não se conteve e perguntou: Mas enfim, o que representava o quadro?

— Não vi!

Eu também, já muitas vezes "não vejo" o quadro, Oneida. Mas isto é uma superstição que nos levará pra outra ordem de ideias.

Antes, porém, precisamos esclarecer mais um ponto. Você pode argumentar contra tudo o que eu já disse, que estamos com a palavra "conhecer" sem conceituá-la. Não estou não. Apenas em vez de conceituá-la filosoficamente, a estou conceituando psicologicamente. Quero dizer: em vez de usar a palavra em sua possível validade abstrata, pela qual "conhecer" será justamente o último ato da inteligência lógica, que depois de comparar, definir, compreender, sentir, digerir etc. etc. um determinado fato, faz dele um objeto de seu conhecimento, em vez disso eu apenas estou aceitando o conhecimento humano tal como ele humanamente é, irregular, precário, mudável, apaixonado, condicionado, e principalmente, ah! principalissimamente, desnorteador. Não é possível exigir dos homens a Sabedoria, nem mesmo se pode exigir da maioria deles o equilíbrio intelectual. Infelizmente. Mas se quisermos que eles tenham, senão a sabedoria, pelo menos o equilíbrio intelectual, ou por outra, se você quer adquirir este equilíbrio, Oneida, então eu lhe digo que o que falta a você não é esse "conhecimento" em sua objetividade psicológica nem muito menos o conhecimento técnico das artes, mas simplesmente a prática filosófica (mais a prática que o saber...), especialmente da estética. Mas vamos distinguir um bocado, senão o que estou afirmando fica por demais precário e grosseiro. Aqui tenho que me referir a sua carta. Na sua argumentação tão nobre e clara, (nobre, sim: pela sinceridade e pelas aspirações justas), você claudica apenas em igualar para você o conhecimento da música e das outras artes e em argumentar com o meu exemplo. O meu exemplo só vem consolidar o que eu disse quanto à prática da Estética, mas deixemos isto pra depois. Vamos ao seu caso.

Isto é, não. Vamos primeiro ao meu caso, que assim ficará prestando pra concluir depois sobre o seu. Que mistério, que intuição, que anjo-da-guarda, Oneida, quando aos 16 anos e muito resolvi me dedicar à música, me fez concluir instantaneamente que a música não existe, o que existia era a Arte?... E desde então, desde esse primeiro momento de estudo real (antes, por uns meses apenas, estudara piano sozinho, só pra gastar o tempo), desde então, assim como estudava piano, não perdia concerto e lia a vida dos músicos, também não perdia exposições plásticas, devorava histórias de arte, me atrapalhava em estéticas mal compreendidas, estudava os escritores e a língua, e, com que sacrifícios nem sei pois vivia de mesada miserável, comprava o meu primeiro quadro! Por sinal que, não caçoe, eram umas ninfeáceas roxas num lago, com um fundo de grandes árvores florestais, obra do Torquato Bassi, não caçoe, menina. Mas eu amei aquela água que parecia profunda mesmo.

Foi assim. Só mais tarde, por causa das discussões ferozes com meu mano mais velho, doutor em filosofia e que depois de me martirizar desapiedadamente com pedidos de definições ("mas o que que você entende por caráter", "defina, pra poder usar o termo", "o que é arte", me lembro tanto...) ainda acabava sempre me achincalhando, "você não sabe nada, seu bobo", só então é que resolvi estudar filosofia. Entrei pra Faculdade de Filosofia, de São Bento, mas era muito forte pra mim, quase que só frequentava as aulas de literatura. Segui um curso de apologética, dado por um padre muito pedagogicamente inteligente, que me fez imenso bem. E no segredo do meu quarto peguei numa Lógica que reli bastante; me apaixonei pela Psicologia e sempre, em toda a vida, andei lendo quantas histórias da Filosofia me caíram nas mãos. Filósofos mesmo, li poucos. Os sistemas não conseguiam me interessar, principalmente os modernos que me fatigavam pavorosamente. Só Montaigne, que aliás é mais moralista que exatamente filosófico. Li Platão quase todo, talvez todo, e bastante Aristóteles. Pra meu uso, só quem me interessou foi Epicuro, de que sabia as doutrinas mas não li. E quando me caíram nas mãos os chineses, Confúcio me caceteou, Lao-Tsé me deslumbrou. E o deslumbramento continuou pelo Zenismo e principalmente as doutrinas dos Mestres do Chá. Epicuro, Lao-Tsé e os Mestres do Chá formam a atitude transcendente da minha vida. Mas creio até sensorialmente em Deus, e no recenceamento do dia 1, depois de pequena hesitação, como o papel não comportava um tratado de "distinções" e ressalvas, acabei escrevendo que era "católico romano", entenda se puder. Mas é que sinto que se Deus me der tempo, acabarei minha vida naquela mesma ordem de crenças e práticas em que ela se iniciou, cujo curso de apologética me abriu as portas da compreensão filosófica e que admiro enormemente. Mas estou me perdendo completamente. Vou dormir.

Há também ainda, Oneida, um outro elemento, delicado de tratar, mas que tem uma importância decisória em minha formação: a minha assombrosa, quase absurda, o Paulo Prado já chamou de "monstruosa", sensualidade. O importante é verificar que não se trata absolutamente dessa sensualidade mesquinhamente fixada na realização dos atos do amor sexual, mas de uma faculdade que, embora sexual sempre e duma intensidade extraordinária, é vaga, incapaz de se fixar numa determinada ordem de prazeres que nem mesmo são sempre de ordem física. Uma espécie de pansensualidade, muito mais elevada e afinal das contas, casta, do que se poderia imaginar. O Manuel Bandeira, que me conhece muito intimamente, querendo me definir pra me compreender, uma vez, me disse: — "Você... você tem um amor que não é o amor do sexo, não é nem mesmo o amor dos homens, nem da humanidade... você tem o amor do todo!". Estará certo desde que não se entenda aí a palavra "amor" em seu sentido mais elevado, capaz de heroísmos e santidades, mas no sentido mais particular e talvez precário de um gozo eternamente em ação de gozar-se.

Ora isso contribuiu decisoriamente para a minha formação. Em vez de me ser prejudicial, foi útil, me dando um grande equilíbrio de comportamento exterior e uma espécie de duplicidade vital interior. Me explico. Como comportamento, a minha sublime volúpia em minha vida social foi realizar diante de um certo estado ou de uma circunstância, justamente aquilo que contraria as nossas tendências mais instintivas ou baixas. Não por virtude, mas por sensualidade, por volúpia. Há pessoas que por tendências ao roubo, assim que movem dinheiro alheio têm o desejo de roubar. E uns roubam, outros se não roubam é por medo do policiamento social ou por não serem propícias as circunstâncias. Outros nem pensam em roubar, isso não vem à cabeça deles, ou se vem eles afastam logo a ideia, apavorados. Eu não. Penso nisso de caso pensado, tenho a volição do roubo, chego à vontade de roubar, a disseco pacientemente, a analiso, a organizo, a avilto, me liberto da conciência do aviltamento, preparo o roubo e não o realizo. Há professores que dizem, entre amigos, frases grosseiras sexuais, sobre as suas alunas bonitas, alguns se apaixonam por alunas, outros chegam à baixeza de tentá-las e realizar com elas práticas sensuais. A mim o estado de ensinar me agrada tanto, me apaixona de tal forma como convívio entre seres tão diversos como um que ensina e outro que aprende, que não chego senão com enorme esforço a compreender esses professores e a explicá-los. A mim, desde que me torno professor de alguém minha volúpia é ser integralmente professor, de forma que todos os outros interesses do ser, sexuais como quaisquer outros desaparecem totalmente.

Mas não é só nesse comportamento social que a minha pansensualidade me organizou, mas na minha própria realidade interior. Eu sou um ser como que dotado de duas vidas simultâneas, como os seres dotados de dois estômagos. O que mais me estranha é que não há consecutividade nessas duas vidas — o que seria mais ou menos comum, pois que todos depois de viverem um fenômeno, acabam sempre o classificando e o transportando para uma recordação, para a vida do espírito. Ora comigo e desde muito cedo (embora o exercício das doutrinas dos Mestres do Chá tenha contribuído muito para maior e posterior habilidade dessa "convivência" vital), comigo não se dá exatamente assim. Eu me apaixono extraordinariamente, sensualmente por tudo quanto passa por minha vida, seja a guerra na Europa, uma barba por fazer ou a possibilidade de experimentar um tóxico que ainda não conheço. Há sempre uma bivitalidade nos que simultaneamente se apaixonam e se desapaixonam diante de um ato, quero dizer: experimentam mesmo o tóxico, mas tendo sempre ao mesmo tempo a consciência controladora de que estão praticando um ato reprovável ou pelo menos prejudicial. Ora eu sou dos que me apaixono por um determinado fato e ao mesmo tempo... torno a me apaixonar. Quero dizer: no caso do tóxico, se o provo com um interesse apaixonado, com um assombroso prazer de viver todas as modalidades da "minha" vida, meu espírito, pelo menos enquanto ele mantém o exercício livre das suas faculdades, está apaixonadamente observando os efeitos do tóxico que o resto do meu ser goza, e por si mesmo gozando a independência com que considero o meu ato para mim não ser reprovável, sensualissimamente gostando de saber que aquilo pode me ser prejudicial e quais os prejuízos que advirão daquilo tudo. Se a derrota da França me apaixonou, se a possível destruição de Paris me atormentou horrorizadamente, na minha segunda vida o que me apaixonou o tempo todo foi observar minha libertação daquilo tudo, viver a causa da Alemanha do tratado de Versalhes, me assombrar com o genial esforço dela em criar a guerra, me assombrar com o esforço trágico da Inglaterra em conservar o seu mito imperial, e principalmente superar a guerra, as mortes do homem, as destruições das ciências e das obras-de-arte na convicção da superioridade da inteligência humana. Desta forma, e estou sendo ao mais possível honesto e sincero na análise de mim mesmo, desta forma eu sofro e não sofro. Qualquer contrariedadezinha minha sensualidade transforma em trompaço duro, em desilusão desnorteante que a minha vida de baixo vive apaixonadamente, se entregando a todas as violências das paixões. E daí por qualquer coisa um sofrimento exagerado, que eu sei ser exagerado, mas que não tenho a mínima possibilidade (nem vontade, aliás!...) de conter. Mas ao mesmo tempo aquela outra vida apaixonada do espírito que se apaixona e goza em ver e analisar a vida de baixo se viver. O dr. Sales Gomes, quando me fez uma operação, se assombrou, aliás, com um ar um bocado larvarzinho por não poder compreender, ao me pegar um dia, no meio das maiores dores físicas derivadas da injeção na espinha e de um depauperamento físico que ele não imaginara em mim e dificultava a cicatrização, ao mesmo tempo que sofria horrivelmente, com o rosto contraído pela dor, as mãos trêmulas e crispadas no martírio: escrevendo ao mesmo tempo e longamente, num caderninho de notas, todas as fases da dor, como se manifestava, que impressões me dava e as semelhanças que tinha com outras experiências minhas.

Eu creio que este caso esclarece bem que espécie curiosa de indivíduo eu sou. Já por diversas vezes quis escrever a palavra "contraponto" que está na moda em psicologia de romance. Mas pelo meu defeito de conhecer tecnicamente a música, a palavra parece que não fica bem pra explicar o meu caso. Porque não há combinação de duas linhas vitais que se condicionam uma à outra. Há completa disparidade, uma sofrida e a outra incapaz de qualquer espécie de dor, uma sádica voluptuosa também de seus sofrimentos, a outra masoquista voluptuosa de ver a vida baixa sofrer. Mas não fiquemos em oposições primárias e incorretas. A verdade é que são vidas díspares, que não buscam entre si a menor espécie de harmonia, incapazes de se amelhorarem uma pelo auxílio da outra. E a vida de cima, sem conseguir de forma alguma dominar a vida baixa, é porém a que domina sempre em meu ser exterior. D'aí certas maneiras de absurda contradição existentes em mim. Totalmente acatólico em minha vida baixa, a vida de cima escreve no papel de recenseamento que sou católico romano. Totalmente contrário à revolução paulista de 1932, contrário inicialmente em minhas duas vidas, a vida baixa foi se apaixonando rápida pela causa em que me via afundado, apesar dos mandos e razões da outra, e acabou se enceguecendo por completo. No fim do segundo mês eu era tão "paulista" como o baiano analfabeto que morreu gritando entre golfadas de sangue "Viva São Paulo! Morra o Brasil!". Mas assim cego, assim apaixonado, ao invés, escrevendo pro Diário de S. Paulo, escrevendo pro Jornal das Trincheiras feito pra animar os soldados, convidado pelo Alcântara Machado pra escrever arengas radiofônicas de exaltação, era o meu ser de cima que vivia agora, arengas recusei fazer e nem mesmo escrever, as notas do Jornal das Trincheiras embora nada contivessem de comprometedor da minha espiritualidade, puros comentários de operações de guerra ou cartas inventadas de soldados (algumas, outras não são minhas) acalmando os seres, sustentando o amor, apesar disso nunca assinei. E no Diário fiz o "Folclore da Revolução", colecionando anedotas.

Estas são, não se pode dizer as razões, mas as causas principais que fazem com que eu não possa servir de exemplo. Não me creio absolutamente um ser de excepção, haverá por certo muitos outros assim bivitais. Talvez a minha diferença esteja apenas em eu ter posto reparo em minha bivitalidade e me aplicado a desenvolvê-la, um bocado com a minha admiração por Epicuro, um bocado com o auxílio dos Mestres do Chá. Não são razões, não as procurei por mim. São causas. O meu critério inicial de não existir música ou dança mas a Arte, meu sensualismo apreciador do todo, minha bivitalidade não foram normas que escolhi. Se impuseram a mim como tendências, instintos, como intuições. E como, ainda por cima, estava rodeado de circunstâncias felizes, um pai que sem ser nada rico me dava quanto livro eu pedia (e eu pedia com a maior indiferença pelas dificuldades financeiras dele que eu sabia serem reais), e além disso todo o meu tempo disponível (além do tempo de aluno, depois que principiei trabalhando como professor, logo veio a Semana de Arte Moderna, em que perdi todos os meus alunos e fiquei de novo por uns três anos quase, com quase todo o meu tempo pra estudar e trabalhar). Se não sou um homem muito erudito (e sei que não sou, minha educação tem falhas enormes), isso se deve exclusivamente à minha sensualidade. Não só o uso e abuso de todos os prazeres da vida baixa me tomaram e tomam muito tempo (levo sempre pelo menos três quartos de hora me barbeando...) mas desde cedo esses abusos me prejudicaram muito certas faculdades, especialmente a memória. Se eu guardasse na memória pelo menos um décimo de tudo quanto tenho lido... e compreendido, acho que seria um assombro de erudição neste país. Não de inteligência, mas de erudição, coisas diferentes. Mas não guardo nem a milésima parte do que apreendo! Eu sou o tipo do sujeito que "não sabe"! (Não pense que estou me humilhando, já me explico.) E saberá você as matérias que menos eu "sei"? São História da Música, Harmonia, Contraponto, Folclore!!! Palavra de honra, Oneida. Uma análise harmônica me custa absurdos de esforços, me esqueço das regras. Em História (qualquer aliás) lida minuciosamente, apaixonada mas compreendidamente, datas sou absolutamente incapaz de guardar, os nomes me fogem cinquenta em cem, e os próprios fatos baralho e em grande parte esqueço. Fica uma súmula muito nebulosa, sem síntese nem qualquer análise, uma verdadeira nebulosa sem luz nem medida. E é tudo assim, quase um martírio. De forma que se tenho de criticar um livro de Érico Veríssimo, pra me repor dentro da espécie dele, sou obrigado a ler preliminarmente pelo menos dois dos livros anteriores dele. E não se trata apenas de "refrescar as ideias", trata-se exatamente de reaver o conhecimento perdido. Tudo em mim fica memoriado como uma nebulosa.

Mas se isso me traz fortes prejuízos na vida prática, obrigação de preparar aulas teóricas como se aprendesse inteiramente o assunto, dificuldade enorme e lentidão consultadeira ao escrever qualquer estudo e outras fadigas assim, essa desmemoriação não deixa de ter seus benefícios pra mim. Eu sinto que as noções apreendidas ficam latentes em mim, muito embora se recusem transpor o limiar da consciência. Mas ficam. E como não aparecem, sou obrigado a uma constante e intensíssima atividade de espírito, muito voluptuosa, em que vivo em eterna atitude cartesiana, como que tirando do nada isto é, apenas da minha própria experiência, os meu raciocínios, ideias, juízos, conclusões. Às vezes irrito quando há pressa. Sou muitíssimo lento e raciocino melhor na lentidão da palavra escrita que na rapidez da palavra pensada. Mas com isso, com essa ignorância... transcendente do mundo humano, suas leis e normas, além da deliciosa sensação criadora em que o meu espírito vive, conservo uma espécie de invenção em tudo quanto escrevo. Vivo num mundo de perene descobrimento...

E agora nós. Sendo assim, tenho a felicidade de transpor a ordem das coisas, Oneida. O "conhecimento" não me atrapalha nunca, porque o ignoro. Eu adquiro a "minha" (está claro) compreensão profunda e total de um dado fato ou coisa, pela apreensão experimental dessa coisa ou desse fato. Só o que me auxilia nessa compreensão primeira, profunda e total, (pouco importa a sua lentidão, não deixa por isso de ser primeira) são uns poucos de dados filosóficos primordiais, minha compreensão da vida amoral do indivíduo e moral do homem social, meu conceito de Arte e de Belas Artes, e creio que é só. Pode ser, está claro, que dados de conhecimento técnico compareçam durante esse ato de compreensão total e profunda, mas eu os repudio ou ponho de lado. E só depois, só depois de ter adquirido a "minha" verdade sobre a obra-de-arte contemplada, que eu a... enfeito com dados de conhecimento, tanto de conhecimento geral como de conhecimento técnico. Negarei que estes dados sejam úteis? Não nego. São em especial didaticamente úteis. Negarei que sejam necessários? Aqui minha dúvida é enorme. Sei que são perigosíssimos, conduzindo frequentemente o espírito dotado de conhecimento (no sentido psicológico) a desânimo, a desesperos, a niilismos (pelo que não pode ou consegue fazer), a plágios, a imitações abusivas, a subserviências, enfim a uma porção de atitudes e de atos prejudiciais. Outro dia um rapaz me confessava estar desanimado da sua poesia por saber que não alcançaria nela a técnica de Portinari, palavra de honra! Isso não é nada. Outro dia.

O (...), que pode ser muito safado, não sei, mas que de corpo presente é deliciosamente espontâneo e sincero, isso na frente do Manuel Bandeira em cujo apartamento nos encontramos, por causa da minha crítica (note-se: elogiosa) sobre ele, mas em que eu fazia reparos de conhecimento técnico, partiu pra um verdadeiro estado de desespero por não conseguir fazer um soneto tecnicamente perfeito! É o tipo do que a gente chama dor-de-corno... E que mal empregada dor-de-corno em quem conseguiu se realizar tão fortemente em sua espécie!... Mas resta a pergunta: — Isso quer dizer que um artista não deve preliminarmente possuir o conhecimento técnico da sua arte? Deus me livre afirmar semelhante absurdo, por isso tenho me batido até com certo heroísmo! Na minha distinção da técnica em artesanato, técnica tradicional e técnica pessoal, o "conhecimento técnico" único que se aprende, pois que o resto já é criação, se confunde com o artesanato e a técnica tradicional e os congloba. O artista precisa deles imprescindivelmente. Não, porém, para compreender, mas para fazer criticadamente.

E é diante deste meu... desprezo não, mas desta minha desconfiança pelo conhecimento técnico, que disse "enfeitar" posteriormente a minha compreensão total e profunda, com dados de conhecimento técnico. Chego a avançar que estes dados nem sequer totalizam a compreensão, como você está vendo. Porque não são os apêndices que totalizam o que chamo de compreensão, ato superior do ser inteiro, pelo qual eu me integro e confundo com a obra-de-arte ou a repudio e me separo dela irremissivelmente. Repare: o conhecimento técnico, ou o conhecimento *tout court* é que me faz reconhecer que a tempestade de Camões é imitada da de Virgílio, que a composição do teatro em Garnier emprega falsamente colunas coríntias que nada sustentam, que Madalena Tagliaferro errou várias notas na execução de tal prelúdio de Chopin ou que na segunda impressão do seu soneto "Banzo", Raimundo Correia lhe modificou uma rima. Ora tudo isto são apêndices, penduricalhos, berloques que em vez de me totalizarem a compreensão da obra-de-arte, a destotalizam, a tornam itinerante. Chegam mesmo para a maioria a prejudicar de tal forma a compreensão que não há filólogo que demonstre gostar compreensivamente de um texto quase-português do séc. XIII, e vemos um Teran ou um Rossi repudiarem uma interpretação ou um quadro admiráveis, só porque algumas notas saíram erradas ou não há transição lógica entre esta cor de ombro e esta cor de fundo! Ao passo que a minha compreensão total e profunda da tempestade de Camões ou de Madalena Tagliaferro me levam não só a esquecer a imitação, os defeitos de métrica, as poucas notas erradas e o Chopin que não será exatamente o meu, não só me leva a esquecer tudo isso, mas a viver tudo isso, numa integração, numa empatia em que eu sou Camões ou Madalena Tagliaferro, sem ao menos perder todos os meus atributos pessoais de ser histórico e do meu tempo, e de ser indivíduo inconvertível. É, Oneida, um verdadeiro ato de amor, de *Charitas*, da elevação mais sublime. Falam do amor "clarividente", em que o amante vê, percebe, reconhece todos os defeitos e erros do objeto amado, e o ama assim mesmo, e o aceita e o procura corrigir. Ou falam na paixão que enceguece e então o amante não vê nada, não reconhece nada. É possível que na vida prática, esta paixão seja prejudicial e aquela clarividência muito útil. Mas não se trata da vida prática em primeiro lugar, e nem muito menos a compreensão estética é um ato de inteligência, exclusivo de inteligência. Sem nenhuma espécie de mística ou de superstição, é verdadeiramente um ato de amor, um ato de *Charitas* no sentido católico da palavra, uma efusão do ser todo. De forma que este verso frouxo de Camões ou aquelas cinco notas erradas de Madalena Tagliaferro, eu vejo e não vejo. Não me são indiferentes, eu não os preciso perdoar nem penso muito menos em os corrigir, eu posso saber deles (em verdade é preferível não saber) mas embora sabendo deles, o ato, a efusão transcende a eles. Todo conhecimento, toda explicação, todo perdão ou correção não adianta nada para o estado de compreensão efusiva em que estou. Apenas o que posso acrescentar para que esta conceituação perca toda partícula de "misticismo" que ainda possa ter, é que se tratando de um fenômeno humano, entre coisas humanas, essa efusão, esse amor, essa *Charitas*, não tem sempre aquela força de possessão absoluta e totalitária que tem, no conceito católico, o ato de caridade que será o da criatura na presença do seu Criador, do seu Deus. O que posso reconhecer é que o estado de compreensão estética é quantitativo em sua efusividade. Quero dizer, não é igualmente intenso sempre. De forma que diante de uma obra-prima, diante de tal quadro de Brueghel, de tal tragédia de Racine, deste Moisés de Miguel Anjo, a minha efusão será muito maior e muito mais total que diante de uma ótima estátua do Brecheret ou de um quadro do Segall, por exemplo. E esta gradação de efusividade (e aqui estará talvez a parte mais discutível ou... mais sutil desta minha, não doutrina exatamente, mas conceito vivido, experimentado da compreensão estética) esta gradação de efusividade auxilia, ou melhor, faz parte integrante da compreensão. De forma que se eu gosto sublimemente de um quadro de Brueghel e muitíssimo menos de outro do Segall, é porque eu compreendo mais Brueghel que Segall. E porque compreendo mais um que outro? Por uma infinidade de pequenas "afinidades eletivas", e também porque Brueghel sendo genial e Segall não sendo, Segall é mais particular, e a mensagem dele tem muito menos forças para atingir não só o geral humano de nós todos, mas até mesmo o meu particular individuado. Dois bicudos não se beijam. De forma que o particular dele não se acomoda por muitas partes com o particular meu. E dessa forma eu não o posso compreender tanto como ao outro que me domina e ultrapassa em meu particular, por um ato de verdadeira possessão.

E é por isto que um autor não pode ter senão rarissimamente uma opinião acertada sobre sua própria obra. Ela é o seu eu total, o seu particular total, de forma que ele se integra nela numa compreensão absoluta. É também por isso que um professor é invencivelmente propenso a compreender e gostar da sonata executada pelo seu aluno muito mais que da sonata executada por um aluno de outrem. E ainda por isso que eu compreendo mais uma igreja do Aleijadinho que a compreenderá Saint-Hilaire, e um comunista russo compreenderá mais um afresco mexicano de Rivera que um ícone russo.

Se poderá objetar: Mas então porque eu "enfeito" minhas críticas faladas ou escritas com dados de conhecimento técnico? As razões são várias mas ficam pra depois, provavelmente pra amanhã. Aliás já estamos a 16, terceiro dia em que pego nesta carta — ontem, domingo, pouco pude acrescentar a ela. E hoje talvez o possa menos ou mais nada, porque o (...) chegou, e agora às duas tenho trabalho no Ministério. Só amanhã, de-certo, pego outra vez nisto.

(...) Bom, eu queria dar as razões de eu enfeitar minhas críticas com dados de conhecimento técnico. São várias, até uma delas bem falcatrueira. Antes de mais nada, convém notar que não será possível encontrar crítica minha que não seja ato de amor, quer pra aceitar, quer pra repudiar. Há sempre e fundamentalmente nelas a descrição da minha compreensão estética. É engraçado mesmo se observar como em geral sou áspero, sou violento até agora quando repudio uma obra. Sempre fico desgostoso de mim quando releio já em letra de fôrma qualquer crítica minha de repúdio. Então nos tempos de crítica musical em que eu era obrigado a escrever ainda sob o efeito vivo da execução pra crítica sair na manhã seguinte, meu Deus!, quantas vezes me lendo no jornal tinha surpresas verdadeiramente dolorosas com a brutalidade, pior, com a crueldade do que eu escrevera! Pensei bastante, me analisei muito sobre esse meu desequilíbrio, nunca pude chegar a uma conclusão perfeitamente satisfatória. Sei absolutamente de certo apenas que não ajo assim por nenhuma perversidade, pois sou incapaz de gozar, de ter qualquer volúpia diante do sofrimento, do achincalhe dos outros. Afora a inexistência de perversidade, apenas percebo mas sem prova decisória, um como que despeito em mim, que se converte frequentemente numa franca irritação. Não se trata com nitidez de uma desilusão de quem esperava muito e recebeu pouco. Aliás não consigo obter nenhuma nitidez, já disse. Mas pressinto, farejo despeito, irritação, sentimentos assim mais egoísticos, derivados de uma vontade infatigável de gozar esteticamente, vontade que não foi satisfeita. Então bato e maltrato.

Mas, minha amiga, sou professor. Já escrevi uma vez que "a palavra tem de servir" e que destruiria a minha pena no instante em que a percebesse gratuita, liberta da intenção de servir alguma causa ou alguém. Depois dos tempos em que escrevi esses ditames é certo que não os tenho seguido muito não, a minha pena já devia ter quebrado várias vezes. Mas sempre existe essa atitude fundamental em mim. Tenho alma de professor. Ora se a descrição da minha compreensão de um artista ou de uma obra poderá auxiliar, aprofundar mais e porventura totalizar a compreensão de alguns outros, isso não adianta muito como aproveitamento, como rendimento didático da crítica. Será o seu lado mais elevado, mais criador, não discuto, mas insensivelmente sou levado a lecionar. É curioso: quando eu escrevo uma crítica estou sempre pensando no artista criticado e nos outros artistas da mesma arte. Jamais penso no público, ou quase nunca. Só penso no público nos casos puramente pragmáticos de impor um artista que admiro enormemente e que ainda não é aceito. Mas ainda neste caso, a força, a intenção que predomina em mim não é o público mas o artista. Quero dizer: não viso iluminar um público mas salvar o artista. O impor, lhe dar meios provenientes da consagração, pra viver.

Com estas minhas tendências é natural que eu insista conscientemente nos dados de conhecimento técnico, que são por natureza didáticos. É refletindo sobre eles, é chamando a atenção para eles, que a crítica rende como ensinamento pros outros artistas do mesmo ofício.

Ainda há mais, e agora vem o lado honestissimamente ciniquíssimo da minha atitude. É que, como toda pessoa que tem alma de professor, sou um notável artista de teatro. Eu represento pros meus alunos. Se lembre daquele passo na *Menina de olho no fundo*", em que eu conto do professor Gomes, até usando safadezas de mudar o tom da voz pra obrigar a Dolores a estudar. Ora o caso do conto, você já sabe, se passou comigo, e o seu Gomes sou eu. Ora, dona Oneida, eu quero que a minha palavra "sirva", que a minha crítica produza o máximo de rendimento didático. D'aí eu fazer muitos esforços, até os da representação teatral, pra me impor aos artistas. E como sei, de longa prática, que essas crianças só respeitam quem demonstra conhecimento técnico, muitas vezes, sem necessidade pessoal nenhuma, enfeito uma passagem com um berloque bem bonitinho, que eu sei vai produzir um efeito decisivo no aluno... que não sabe que está sendo meu aluno, mas que, me respeitando, insensivelmente vai aprendendo comigo. E às vezes, franqueza, tenho dado golpes admiráveis de segurança. As "Cirandas" e em consequência as "Cirandinhas", sem dúvida das coisas mais geniais do Villa-Lobos, ele as deve a mim. Fui eu que observando certa renitência no Villa em aceitar o aproveitamento folclórico, observando a dificuldade de construção formal dele e outras coisas assim, escrevi uma carta de pura mentira pro Villa, me dizendo encantado com as obras de Allende, um chileno que eu fingia descobrir no momento, observava as peças em forma A-B, uma aproveitando um tema popular, outra de criação livre, quando muito se servindo de constâncias folclóricas, coisas assim, e está claro fingindo uma admiração danada pelo homem, que ia escrever sobre ele, coisas que, eu sabia, deixavam o Villa sangrando em sua imensa vaidade. Mas a esperteza maior foi, em seguida, fingindo amizade subalterna, pedir a ele que me escrevesse umas peças de meia-força pros meus alunos de piano. Como sempre: nenhuma resposta, o Villa só escreve carta precisando da gente. Mas poucos meses depois vim no Rio, não me lembro mais onde, era uma festa, havia muita gente, creio que intervalo de concerto, me encontro com o Villa numa roda. E ele imediatamente: "Olhe, vá lá em casa! tenho umas coisas pra você. Bem! não é nada daquilo que você me pediu!". E sorriu com um arzinho superior meio depreciativo. Eu fui e eram as "Cirandas". E era exatamente o que eu pedira, e que tivera a intenção de provocar no Villa, embora estivesse longe de imaginar "Cirandas". Aliás, você mesma pode verificar o efeito causado pelo meu artigo sobre a "Família Paulista" em alguns dos melhores. Se lembre da falta de audácia, da ausência de criação pessoal da exposição do ano passado e do que estão fazendo alguns agora. A exposição do mês passado me espantou, é um pulo pra frente. E devo ter contribuído bastante pra esse pulo, pois que sei do efeito que o meu artigo produziu em gregos e troianos.

Não há professor que não tenha a obrigação de ser honestamente cabotino e eu sou. Mas ainda há outra razão que é mais livremente egoística. É que eu não nego, estou longe disso, que o conhecimento técnico seja uma fonte de prazer estético. O que eu neguei, lembre bem, é que fosse elemento da compreensão profunda e total da obra ou do artista. O que me parece, além do que mostrei no início deste pensar sobre meu pensamento, é que ele, o conhecimento técnico está numa inflação hedionda, deformando totalmente a arte como fato social e desnorteando o poder criador, a função criadora do artista. Mas isto quero deixar para a argumentação final, pra não perder aqui o fio do pensamento. Ora eu sou um homem do meu tempo, e uma pincelada ou uma forma bem conseguida de romance além do efeito funcional, único legítimo, que devem ter na obra em seu conjunto, não deixam por isso de ser unidades que podem ser contempladas em si mesmas, esteticamente, quero dizer, como dados de conhecimento desinteressado. E é por isso que na anedota do enorme crítico, eu reconheci que às vezes eu também "não vejo" a obra-de-arte. É nos momentos em que, depois (ou antes, pouco importa) de "vista" a obra, e adquirida a minha compreensão dela, mas jamais concomitantemente, me entrego a prazeres parciais, a exercícios do conhecimento em si, a estudos de ofício, a desfatiga-mentos felizes. Como quem, depois do ato do amor, brinca com os cabelos da amada ou com as mãos dela. "Derrama sobre mim a paz das tuas mãos"... Porque, pelo menos pra mim, o ato de compreen-são sempre me fatiga, embora seja um sublime prazer. Não sei se você já me viu, deve ter me visto depois de alguma forte comoção estética, fico derreado. Nunca me esqueço de uma vez, em Marajó, a lancha passando por um pouso de aves. Deram um tiro no ar, todas as aves voaram. Eram centenas e centenas de colheireiras cor-de--rosa, de... ah! me escapa o nome daquele pássaro inteiramente encarnado... e garças. Tive uma tal sensação de lindeza, fiquei tão comovido, de repente deitei no chão da lancha. Todos se espanta-ram. E foi simplesmente, sem nenhum histerismo, me deitei sem estrondo, só porque não me aguentava mais, precisava descansar.

Aqui entra um ponto que é difícil de explicar bem. Se divido a técnica em artesanato, técnica tradicional, ambas coisas que se aprendem, e um terceiro grau mais elevado que é a técnica expressiva pessoal, técnica que é criação e é criadora, pelo menos esta parte tem de entrar na compreensão profunda da obra. Se repudio um intérprete, afirmando que "é só técnica" e nada mais: é que a técnica, o conhecimento técnico participou diretamente e foi o elemento determinante da compreensão. Há que distinguir entre conhecimento técnico do artista e conhecimento técnico do observador. A técnica faz, de-fato, parte imediata e determinante da compreensão, pois que a beleza sendo, senão exclusivamente, meu Deus!, ao menos predominantemente uma questão de forma, e esta derivando imediatamente de uma boa realização técnica, o artista precisa ter fortíssimo conhecimento técnico e fortíssima técnica (repare que não são a mesma coisa: o conhecimento técnico é meramente crítico e intelectual, ao passo que técnica é adestramento, treino, experiência) para que a obra-de-arte seja bela. E essa técnica, essa realização técnica vai influir imprescindivelmente, vai determinar violentamente minha compreensão e o meu prazer ou desgosto. Mas eu não preciso ter conhecimento técnico pra que a técnica do artista exerça todo o seu efeito lírico sobre mim, porque ela exerce as suas forças fatalmente, à minha revelia, independendo da minha vontade. De forma que a técnica pessoal, criação do artista e criadora de belezas novas, participa (como as outras, aliás) da minha compreensão, sem que eu precise pra isso comparar nem conhecer. Da mesma forma que eu compreendo uma melodia, sem poder lhe acrescentar o menor dado de conhecimento intelectual, qualquer que este seja, técnico ou não. Da mesma forma que eu compreendo um diabo pintado, sem nunca ter visto um diabo, nem mesmo pintado, não como diabo católico mas como ente mau.

Assim, creio que está bem explicado o que se passa comigo. Se passam muitas outras coisas também, mas não posso escrever um livro e esta carta já está assumindo proporções indiscretas. Resumindo: Também me entrego (sou do meu tempo e fui favorecido por circunstâncias especiais) também me entrego às análises e prazeres estéticos do conhecimento técnico. Mas estou convencidíssimo que estes prazeres não entram no fenômeno da compreensão estética e que este se confunde, si não é a mesma coisa, com o ato de *Charitas*, de identificação amorosa deslumbrada que pratico diante da obra-de- arte. Os dados de conhecimento técnico poderão existir mas são independentes da compreensão estética, meros acrescentamentos, em certo sentido perigosos descaminhamentos. Se pratico atos de conhecimento técnico é porque são prazeres estéticos também, também (vamos até lá...) compreensões estéticas parciais, no sentido dos estetas alemães modernos, isto é, atos de conhecimento desinteressado. Mas se desinteressados em meu prazer individual, eles são os talvez mais interessados na crítica, por serem os únicos estritamente didáticos, os únicos que ensinam os artistas do mesmo ofício. E é só.

Agora você. Como falei, você na sua carta exprimiu desejo de possuir conhecimento técnico idêntico de música e das outras artes todas, um pouco ofuscada pelo meu caso que você cita, no lugar, como exemplo. Não posso e posso servir de exemplo. Não posso pelas circunstâncias tão especiais e particulares que me fizeram, como você viu. Mas poderei, nisso de jamais ter me perdido na inflação do conhecimento técnico, e no ter adquirido o exercício... filosófico do meu ser que não só me permite manter a verdadeira atitude de público diante da obra-de-arte, mas exige esta atitude e jamais a perde, jamais a confunde com atos de conhecimento técnico.

Você não tendo antes e muito menos agora, com os seus afazeres, circunstâncias especiais pra adquirir de todas as artes um conhecimento técnico bastante grande e suficiente para uma crítica técnica bem abalizada da obra-de-arte, deve simplesmente abandonar, sadiamente repudiar estudos deste gênero que iriam desnortear e dificultar os seus estudos. Mas quando falo "sadiamente" é porque está na saúde intelectual do ser, adquirir o direito da ignorância. Quero dizer: quando você está diante de um técnico, de um artista profissional, seja sadiamente indelicada, impertinente, ou o que se possa chamar isto. Adquira a força ingênua da humildade: pergunte. Não pra fazer estudos especializados, mas pra, em momentos de gratuidade, de passeio, de conversa, se enriquecer, aprendendo sempre. Se o artista pronunciou uma palavra de terminologia técnica que você desconhece, pergunte o que é. Se uma pincelada, uma argamassa, uma forma arquitetônica etc. etc. lhe são desconhecidas ou lhe chamam particularmente a atenção por qualquer motivo, prazer, desprazer, estranheza etc. pergunte o que é, porque é, como é, pra que é.

Mas liberte decisoriamente a sua liberdade, o seu direito de compreensão estética da superstição do conhecimento técnico. Use à larga o "gosto de ti porque gosto", que é do caipira analfabeto como é de Goethe. Apenas, como você está da banda de Goethe, é uma intelectual, a sua compreensão estética está necessariamente diferenciada da do caipira e você deve, com honestidade, adquirir o direito da sua diferença. O que fazer pra isto? O estudo bastante treinado da filosofia da arte. Isto sim, me parece imprescindível. E não me parece difícil nem longo. O que você precisa é ler umas duas ou três estéticas gerais; se possível uma história da Estética; e alguns livros de estética parcial, especializada, como por exemplo os de Lalo, *L 'Art et la Vie Sociale*, *La Beauté et l'Instinct Sexuel*, a *Psychologie de l'Art* de Delacroix, a *Psychanalise de l'Art* de Baudoin [sic: Baudoine], a *Poética* de Aristóteles. Como livros gerais a pequena *Esthetique* do Lalo, a *Estética* do Croce, o *Esquisse d'une Philosophie de L'Art* de Edgard de Bruyne, que é das mais admiráveis. Só citei franceses por causa de você lidar o francês com mais liberdade. E nesses livros, aliás, você encontrará rica bibliografia de deixar água no bico. Pra não perder muito tempo vá me consultando sobre os livros que desejar ler, que se tiver conhecimento deles lhe direi o que valem. E nesse trabalho, procure logo adquirir mas bem digeridamente alguns conceitos primordiais sobre beleza, sobre arte, sobre criação artística, sobre psicologia e sociologia da arte, sobre função da arte, sobre função da técnica. Quanto à leitura de histórias da arte, é um problema. Em plástica acho ver histórias da arte, mais proveitoso que ler. Contemplar muito e refletidamente as fotografias, comparativamente. Adquirir assim um exercício da atitude... filosófica do observador. Em música, também ouvir muito. (Mas ler também, porque é a sua especialidade.) Em literatura, é o diabo... Em geral as histórias da literatura (as pouquíssimas que li) não me satisfazem. Suponhamos o caso das recentes *"Noções"* do Manuel Bandeira. A meu ver são um pouco antiquadamente didáticas. O Manuel, com aquele conceito de honestidade que tem, não permite pensar, não nos permite exercitar a atitude estética. Deu sobre cada autor uma descrição deste que é um primor de síntese e concisão. O que diz sobre cada autor, 90% das vezes está certíssimo. É um consenso geral, pelo menos de atitude estética. Mas o resultado foi ficar tudo muito certo por demais. De maneira que exige do aluno uma atitude que, a meu ver, é a mais prejudicial pra um aluno: uma passividade absoluta. Não se pode senão concordar e... decorar! É a negação total não só da liberdade como do exercício do pensamento. Ficou a literatura histórica uma espécie de tabuada em que a gente, sem o menor exercício da liberdade e suas consequências, tem mesmo que decorar que dois e dois são quatro e são mesmo. Se o livro tinha de ser de um tamanho determinado, creio que o preferível era expor e comentar mais e mais longamente as ideias gerais, formas, técnicas, tendências, doutrinas artísticas etc. Mas assim como ele fez ficou uma enumeração bastante passiva e muito fria de autores. Repare a parte brasileira do livro. É de tal forma desapaixonada que se tem uma sensação desagradável de lapalissadas, de chover no molhado.

Bem. Se trata pois preliminarmente, de você adquirir o seu direito Caipira-Goethe de gostar porque gostou. Mas isso, honestamente, auxiliando a sua atitude de público por meio de uma cultura estética e uma orientação nítida e firme, derivada de algumas poucas conceituações preliminares. Muito bom como enriquecimento e treinamento do espírito é ler umas duas Lógicas, outras tantas

Psicologias gerais e constantemente Histórias da Filosofia. Não leia os filósofos, é perder tempo: leia histórias da filosofia. E leitura constante, o que não quer dizer todos os dias, nem todos os meses, mas ter sempre uma história da filosofia em leitura. Tudo isto não é difícil, Oneida, nem exige seis anos. Mas na idade em que você está e com o seu espírito já bastante treinado, em dois anos você adquirirá o conhecimento filosófico-estético que precisa pra ter o direito de exercício da sua liberdade.

Isso em Arte e artes que não sejam a música. Esta é a sua especialidade e está claro que você precisa ter dela um bom, um sólido conhecimento técnico. Não nego que se você conhecesse profundamente harmonia, composição, até instrumentação seria o ideal. Mas não é já possível. Outras exigências maiores de estudo, seus afazeres, o fator tempo, não permitem mais isso. É portanto inútil chorar sobre Jerusalém destruída. Escolha o que lhe é mais preciso pra desenvolvimento da sua técnica útil; acrescente a isso, se possível, uma ou outra leitura (não falo treino, apenas leitura) de coisas enriquecedoras (um tratado de harmonia, por exemplo), e no resto exerça o seu direito de gostar. Ele, o seu gosto já está suficientemente treinado (talvez não muito apenas em música moderna) pra você o exercer com destemor. A aquisição filosófica de que falei atrás, virá dar, por certo, maior profundeza e totalidade à sua compreensão estética das obras. Maior em quantidade. Não creio que em qualidade porque em música a sua atitude já está exercitada e me parece certa. Como em literatura, ou pelo menos em poesia. Não se esqueça que muitas vezes a gente supre o estudo com a prática e o faro. Não o "faro" que fará o Luis 18 dizer que Mozart é o Orlando Silva do séc. XVIII, que não é faro, é uma brincadeira derivada de um mau-gosto, de um gosto não só não treinado como desencaminhado. O gosto desencaminhado provém de causas múltiplas. Quer ver uma curiosa? Como eu me apaixono pelo Folclore, como estudo, sucede que eu tenho uma tendência quase invencível pra gostar esteticamente, isto é, achar belo qualquer documento folclórico. É uma confusão em meu espírito e um descaminhamento de atitude estética provocados pela paixão. Quer ver outro caso curioso? — aquele momento, já depois da *Menina Boba* estar completa em que me nasceu uma dúvida se era poesia boa mesmo. Ê que você ouvira os meus conselhos, aceitara a maior parte das minhas sugestões, de forma que eu me identificava tamanhamente com a sua poesia e já conhecia tanto você, te estimava tanto que eu não podia mais saber si a minha admiração pela poesia de você era realmente derivada de um ato de compreensão estética. Tive de recorrer a uma pessoa mais em condições de liberdade dc você e de não- identificação com a sua poesia, recorri ao Manuel.

Bem, creio que vou terminar, puxa! Como já estamos no dia 21, acabo de reler estes pensamentos todos e confesso que não me desagradam. Deixei erros e defeitos de estilo, que se compreendem em cartas espontâneas como esta. Si você não entender alguma passagem, mande me perguntar. Aliás não seria enorme sacrifício pra você me mandar uma cópia deste testamento? Desde o ponto do verso da pg. 4 em que principiou esta análise do meu pensamento. Me seria útil, muito útil possuir isto pra me comparar comigo mesmo noutros anos. E como me esqueço muito, me evitaria ter que repensar tudo isto, nos momentos em que precisasse do que vai aqui. Se não lhe custar demais, copie. Aliás, como estou tratando de assuntos em que você não está constantemente versada, as exigências e lentidões de uma cópia serão úteis a você pra penetrar mais intimamente no conceito em que emprego as palavras e no sentido das minhas idéias.

Falta agora apenas observar a grande destruição, a verdadeira devastação causada modernamente na Arte pelo desenvolvimento e inflação do conhecimento técnico. Mais uma vez é preciso distinguir técnica (treino, prática) de conhecimento técnico (vida intelectual da técnica). A técnica em si nunca é demais, não está em condições de inflar abusivamente. Porque ela é só do artista em seu ofício, e nunca do público. Não sendo do público (mesmo contando como público o próprio artista, depois de feita a sua obra-de-arte), ela não prejudica nem facilita o fenômeno da compreensão estética. Ela simplesmente não existe. Quanto ao artista, a técnica em si jamais o prejudica, jamais pode inflar abusivamente, porque ela se exerce inconscientemente no momento de criação. Da mesma forma que o equilibrista não pensa nos tombos que levou ou que conseguiu evitar, no momento em que está se equilibrando, também o poeta não pensa em sua técnica no instante de fazer, de criar o verso. Explico ainda mais: O momento divino de criar, sublime, absorpção total do ser, é um momento que dura um tempo mínimo. Porque técnica e conhecimento técnico coexistem na feitura da obra (não na criação, mas na feitura), um inconsciente e sublime, outro consciente, crítico e castigador, terrivelmente martirizador. De maneira que o pintor pode levar dez minutos inquietos, indecisos, angustiados de preparação de uma pincelada. Vê e critica o já feito, mistura as tintas na paleta, escolhe o pincel adequado pra pincelada que imagina, que a sua expressão exige dele. Tudo isto é crítica, é análise, é conhecimento técnico e no geral faz a gente sofrer. Mas no segundo em que o pintor dá a pincelada, só agora ele está na criação, está em estado de técnica. E não faz sofrer, é sublime, absorve totalmente o ser. Mas logo em seguida o artista cai de novo em estado de conhecimento técnico, em estado de indecisão, de sofrimento as mais das vezes, raro de total aprovação e prazer, criticando, julgando a pincelada que deu. E si a corrige no sentido de obter maior eficiência para a sua expressão, ele volta a acrescentar um novo segundo de técnica, de criação, ao primeiro.

E creio que foi por não distinguir assim mais particularizadamente (talvez mais bizantinamente...) técnica e conhecimento técnico, criação e crítica da sua criatura, que Rilke desenvolveu tão abusivamente, nas suas *Lèttres a un Jeune Poète*, a desagradável e a meu ver errada comparação entre criação artística e dor física da parturição feminina. A criação artística é um momento sublime, uma ejaculação absorvente, extasiante, um deslumbramento total incomparável, maravilhoso, divino. Tão absurdamente maravilhoso que o ser deixa de existir, não tem consciência de si, reduzido ao Ato puro de criar. Pela nossa experiência masculina a criação só pode ser comparada com o momento do êxtase sexual, que é igualmente absorvente e reduz o ser ao ato, e nem sequer pode ser descrito porque só podemos pensar nele e analisá-lo depois e sem recordação. Sem recordação porque tendo absorvido o ser, este deixou conscientemente de existir. E a descrição só pode existir por meio de... qualificativos.

Assim, a meu ver, se a técnica não existe para o público, também deixa de existir pro artista, porque quando ela se exerce ela se confunde com o momento de criação. Portanto nunca ela é demais (pro artista) nem pode inflar porque quanto maior mais facilita a criação expressiva. Mas o conhecimento técnico pode inflar, pode se desenvolver abusivamente, pode tomar o lugar da expressão, substituindo-se a esta e sendo a determinante exclusiva da criação. E esta inflação e substituição é a grande causa que o Sérgio tanto procura do divórcio entre arte e público, nos nossos dias. É a inflação do conhecimento técnico que criou as diversas escoias e doutrinas do que chamam de "arte pela arte", a meu ver com grande ignorância do que seja realmente arte (fenômeno de relação que implica público), (II) os cubismos, abstracionismos, impressionismos, arte-social, arte-hedonística etc. etc. Até "arte social" sim, em que conhecimento técnico não implica pincelada, contraponto ou métrica, mas técnica socialista, revolucionária, política de desvirtuar a humanidade livre da arte em benefício da interinidade presa de uma ideologia social. De maneira que só fará arte social, arte anarquista, arte comunista ou fachista, o artista (?) que tiver vasto conhecimento técnico do Comunismo, do Anarquismo ou Fascismo.

Este foi o maior desastre, Oneida, causado pelo conhecimento técnico. É o que causa a absurda inquietação artística contemporânea. A compreensão estética foi confundida pelos prazeres incontestáveis do conhecimento técnico e em muitos casos foi até completamente substituído por esta. [síc; seria "estes" — os prazeres etc., ou "este" — o conhecimento técnico.] D'aí a angústia sofrida de pessoas mais conscientes como você, que, vítimas da confusão, se torturam, têm medo de dar opinião sobre um quadro ou uma música porque ignoram a lei do corte-de-ouro, o que é um tom "baixo" em colorido, e si o artista soube dispor uma série de acordes construídos por quartas ou si empregou o sax tenor em tal tutti da sua partitura. D'aí também essa ridícula mística do artista contemporâneo como um Portinari mesmo, um Mignone, um Guarnieri, quase todos, que clamam à incompreensão alheia, e se irritam contra os intelectuais e os desprezam quando estes escrevem sobre eles. Então se na crítica do intelectual há uma censura, é lastimável: insultam o intelectual porque censurou ignorando a "arte" que criticou. Em todos os tempos os intelectuais foram fontes de compreensão estética para os artistas das outras artes. Tanto para o público, por meio de seus escritos (lembre só o caso Wagner, lembre Baudelaire fazendo crítica de pintura), como para o próprio artista plástico ou musical, que pela natureza mesma de suas artes, está menos exercitado na análise e na síntese, nas teses e antíteses do conhecimento lógico. Poetas e romancistas foram sempre os milhores propulsores de compreensão estética. Muito mais até que os críticos profissionais técnicos de suas artes, porque estes são levados fácil e insensivelmente para o lado didático, em vez de para o lado criador, da crítica. Mas hoje nós estamos nesta situação insuportável de um intelectual não poder mais livre e apaixonadamente amar as outras artes, e defender suas obras, e orientar os seus artistas, porque qualquer pinturriquio ignorantíssimo do que seja uma abstração ou um vaticínio, um faro ou um ato de amor compreendedor ou mesmo adivinhador, se considera acima de qualquer crítica, superior a qualquer censura mesmo de ordem estética, filosófica, sociológica etc. só porque aplica no seu quadro a lei do corte-de-ouro, os acordes cezanianos ou a pincelada de Van Gogh! Ainda mais: como está consciente de ter um vastíssimo conhecimento técnico (e muitos o têm de-fato), acabam censurando completamente a sua liberdade de criação expressiva, impedindo ela de se exercer e a substituindo, não pelo que entendo por Técnica, mas por dados objetivados de conhecimento técnico. Ê o caso inominável, repulsivo da "*Venise*" do André Lhote da Exposição Francesa (vá ver) e o caso de um Paulo Rossi. Não nego que há muitos intelectuais deshonestos [s/c] nisso de tomarem partido, atacarem, achincalharem artistas, levados exclusivamente por interesses pessoais ou partidários. Mas isso de paixões, sempre existiram, meu Que atitude Deus!... E jamais chegaram a prejudicar o desenvolvi-tornar-mento, as mutações, a implantação de artes e artistas.

A inflação do conhecimento técnico nos levou a todos estes absurdos divórcios; e quando observo um Portinari e reflito sobre, sou forçado a reconhecer que só mesmo uma força criadora enorme, aliada a uma honestidade interior excepcional (exteriormente ele é deshonestíssimo em sua parcialidade), lhe impedem o descaminhamento total e a infecundidade. As artes, a arte não foram feitas para isso, Oneida, e isto há-de passar. Acho que nos compete a nós que nos queremos individualmente em maior equilíbrio (estas próprias preocupações nossas o provam) e amamos a arte mais propriamente do que a vida artística... não, isto da minha parte está errado, pois eu sou justamente o que mais sacrificou a arte, pelo menos a sua arte, em proveito da vida artística, fazendo 90

vezes sobre 100 o que eu chamei de "arte-ação", em vez de hedo-
nismos... Como poderei dizer? Enfim, nós que já agora desejamos
que a arte retorne a fins mais geralmente humanos: acho que nos
compete reagir com brandura mas com firmeza contra esses crian-
ções tão infelizes realmente, tão inconcientes de sua felicidade e
seu destino, que são os artistas em geral.

Você quer saber? Hoje, depois de ano e meio de exercício da
crítica literária, sou francamente pela apologia pessoal e pela censura em geral. Estou brando, brando... Quando gostar de um artista,
escrever estudos apologéticos sobre. E as censuras que tiver a fazer,
convertê-las o mais possível a fenômenos gerais, que atinjam o maior
número e em que a pobre sensitiva não se sinta por demais maltrata-
da. Estou, está claro, me referindo a crítica pública, impressa.

Não sei até que ponto você poderá adotar pra si estas minhas
conceituações e atitudes. Talvez tenha pensado por demais egois-
ticamente pra mim mesmo. Agora me sinto bem mais claro e se lhe
dei alguma claridade, será ótimo.

Agora quero esclarecer dois pontos que me pareceram mais im-
perfeitos e obscuros e assinalei com chamados em tinta encarnada:

(1) Este ponto é difícil de explicar bem, estou vendo. A boa ou
má realização técnica da obra-de-arte participa imediatamente da
minha compreensão estética dessa obra, apenas no sentido de ser
ela que me convida, me impõe, me obriga a compreender, e facilita
o ato de compreensão estética. Entenda bem: facilita o ato, mas
não a própria compreensão. (Explicarei isto logo adiante.) Porém
não é ela, a técnica que eu compreendo e sim a obra-de-arte; por
meio de dados exclusivos de mim mesmo e do que eu posso projetar

de mim mesmo sobre a obra-de-arte em relação, em referência ao que ela projetou sobre mim enquanto obra-de-arte, isto é, enquanto Assunto. (Tomo aqui a palavra "assunto" no sentido mais lato, em que um esquerzo ou um quadro abstrato têm assunto, pois que a música e o quadro, no caso, são o exclusivo assunto de si mesmos.)

E você quer ver como isto é verdade? Escutando pela primeira vez uma melodia japonesa erudita ou um maravilhoso *haicai* em japonês, por mais que ambos estejam tecnicamente realizados com a maior perfeição, você não pode fazer nenhum ato de compreensão estética, nem pra aceitar nem pra repudiar essas obras. Por quê? Porque a perfeição técnica não pôde se impor a você, porque você ignora o assunto daquelas obras, isto é, ignora o japonês e os seus valores de compreensão intelectual e a música japonesa e os seus valores de compreensão musical. Já uma gravura japonesa, embora você lhe ignore totalmente a técnica, fatalmente provoca em você um ato de compreensão estética qualquer, agrado ou desagrado, porque você pode lhe atingir o assunto. E se essa gravura representar uma paisagem japonesa, embora você jamais tenha visto sequer uma foto de paisagem japonesa, ela será tanto mais esteticamente compreendida, compreendida gratuita, desinteressadamente por você, quanto mais você conheça a história política, a poesia etc. do Japão. Até mesmo (vou até isto...) si você já teve um amor japonês, feliz ou infeliz, caçoado ou respeitado, você estará em mais condições de compreender profunda e totalmente (sempre esteticamente, fica entendido) aquela obra, pelo que você projeta de si sobre a obra em referência ao que ela projetou de si sobre você.

Não nego que a técnica esteja condicionada à psicologia de uma raça, de um tempo, de um meio e de um indivíduo, veja bem. Nego é que a técnica por si possa de qualquer forma se impor pra que compreensão exista, enfim: pra que se realize o ato de compreensão mesmo apenas estético. É preciso que você entenda um certo mínimo de assunto pra que qualquer ato de compreensão se dê. Então sim, a técnica entra em possibilidade de ser dinâmica e despertar ou facilitar em você uma atividade estética.

E agora veja como a técnica não participa da compreensão enquanto compreensão: você compreende um quadro abstracionista ou uma melodia européia de violino, porque lhes conhece o assunto, música, quadro. Isto sem o menor dado de compreensão consciente. No entanto você não pode tomar o *haicai* ou a melodia japonesa da mesma forma com que toma e aceita um verso incompreensível (conscientemente) de Mallarmé ou a melodia do violino. Você não pode transplantar as obras japonesas para o assunto sem assunto conciente, para o assunto abstrato em que você compreendeu violino, quadro e verso europeu.

Você objetará: — Pois é justo porque lhes ignoro a técnica, palavras, formas, escalas, ritmos japoneses que não posso compreender as obras japonesas, pois é com elementos técnicos, práticos e tecnicizados, que se constrói o assunto, tanto interessado como esteticamente. Não, não e não. Mesmo esteticamente, a técnica é uma consequência do assunto, nasce do assunto e só pode viver por viver o assunto. Já Aristóteles com grande acuidade afirmou que o nocionamento da Beleza derivou no homem do desenvolvimento técnico, ou milhor, da especialização técnica do artesão que, por especialista, se treinou mais, desenvolveu a sua técnica e esta, aperfeiçoada em si, fez a obra ficar bela. Bela sem querer. E então o observador da obra (seja o próprio artífice, seus concorrentes no ofício, ou outrem, sempre "público") então o observador tendo a sensação agradável, o sentimento de um prazer diferente, chamou-o Beleza e o nocionou.

Si não é totalmente isso, no fundo é isso, e estou inteiramente de acordo. A meu ver, do fenômeno artístico, o primeiro elemento que apareceu foi a obra-de- arte. Foi, enfim: o Assunto. Só depois é que os outros elementos foram aparecendo sucessivamente. Com efeito foi a necessidade de orar ao daimônio, ao deus, de cultivar a memória do ancestre, de dormir mais protegido dos ventos, chuvas e feras, de mais facilmente beber, de colher maior número de frutas, de matar com menos perigo de vida a caça ou o inimigo etc., que fez surgir a flecha, o cesto, o copo, a casa, o túmulo, o deus esculpido, o canto, a dança religiosa. Isto é: o assunto. A constância necessária, interessada, vital de construir tais assuntos levou ao treino de esculpir, de construir, de cantar, e à especialização do mais hábil. Este mais hábil, se desenvolvendo, adquiriu técnica. Esta, aperfeiçoando o assunto (e só a este) conseguiu a perfeição técnica. Isto fez com que de repente (ao menos como nosicionamento) aparecesse a obra-de-arte. Quero dizer: um objeto que além de ser mais útil, mais aperfeiçoado em sua técnica de rendimento interessado, deu a sensação e o sentimento do agradável de contemplar. Temos, com isto, o nocionamento consciente da Beleza. Este nocionamento fez com que surgisse a necessidade de contemplar coisas agradáveis, isto é, fez surgir o segundo elemento concreto do fenômeno artístico, o público. Este público, exigente agora de uma ordem desinteressada de atitudes, fez surgir o artista estético, não mais mero artífice, mas especialista conciente de que a sua obra, além de ter que progredir em rendimento utilitário, tinha que progredir também em rendimento de prazer imediatamente desnecessário. E com isto acabaram se nocionando em nós, não a Arte propriamente, mas as Belas Artes, que têm como objetivo, como ideal, produzirem obras para a contemplação estética. Para a compreensão estética.

Não pense que me deixo supersticiosamente levar por este raciocínio exageradamente lógico, lógico por demais, e acredite que as coisas se passaram assim tal-e-qual. Pelo contrário, o raciocínio como está feito me é odioso, como um tripudio de inteligência sobre fatos para todo o sempre incontroláveis pela verdade. O que importa é verificar, pela experiência nossa, que na fenomenologia estética as coisas se passaram mais ou menos assim, naquilo cm que podem se tornar abstração. Nem importa mesmo verificar que pelo menos na parte final do raciocínio posso firmá-lo em provas históricas: arte dos primitivos sempre utilitária, arte infantil sempre com assunto, especialização do artista, e só já nas civilizações bem defendidas tecnicamente, a separação das Belas Artes. O que importa é a abstração e do que ficou dito se infere que o assunto é que impõe a técnica, e que si, em seguida, esta impõe a compreensão do assunto, não a facilita no entanto, e nem siquer participa, como objeto de conhecimento, da compreensão do assunto, da obra- de-arte. No ato de compreensão estética eu ignoro totalmente a técnica, que no entanto pode ter auxiliado ou mesmo provocado o ato. A técnica age de-fato fatalmente, inconscientemente. E tanto assim que si eu, em vez de uma, escutar por um ano ou dois numerosas melodias japonesas, mesmo não sabendo néris de técnica musical, eu acabarei me acostumando com a música japonesa e a compreendendo esteticamente, sem um só ato de conhecimento da sua técnica. Embora firmado qualquer acostumamento, qualquer acomodação minha com a música japonesa, a sua boa ou má realização técnica vá influir, vá impor o ato de compreensão estética de uma determinada música. E só desta.

Já o mesmo não sucederá com o *hai-cai* em japonês porque a música é o próprio assunto primeiro da música, ao passo que na poesia o assunto primeiro é a significação das palavras (sem que isto implique raciocínio lógico, está claro).

Assim: o ato de compreensão estética, embora imposto pela técnica e dependendo da boa ou má realização desta, não é siquer facilitado (não estarei exagerando um pouco?...) pela técnica. É um fenômeno de relação entre o ser e o assunto. E si num momento dado, antes ou depois, pouco importa, mas jamais concomitantemente, eu observo a técnica, sobre ela reflito etc. eu estou em atos estéticos parciais, poderei estar principalmente em atos de conhecimento técnico — penduricalhos, agradáveis esteticamente e úteis crítico-didaticamente, que eu ajunto à compreensão estética profunda e total. Mas que não a auxiliam nem completam. Não a aprofundam nem totalizam. Penduricalhos.

(II) Arte é palavra geral indicando *toda atividade repetida interessada em seu rendimento*. A distinção incorrendo no perigo de ser compreendida antiteticamente, "Artes e Ofícios", me parece defeituosa. Ofício é a especialização econômica de uma arte socializada. Assim: existe o ofício de médico, o ofício de carpinteiro, o ofício do pintor. Mas se diz "arte do pintor", "arte da costura", da cozinha, da marcenaria, da música. E ainda se diz que alguém se penteia com arte ou se barbeia com arte. Está certo, tudo é uma atividade *repetida* interessada em seu rendimento. O ser uma atividade repetida é imprescindível pra distinguir a arte, da ciência e da moral. Na atividade científica não há repetição. A atividade continua até alcançar a verdade. Alcançada esta a atividade cessa. Ou continua em nova atividade que pretende obter uma nova verdade. Na atividade moral cada ato é a conquista de um bem em si. De maneira que não se repete interessada em obter maior rendimento. Cada vez o rendimento é absoluto, total. Não há técnica de dar esmola, em moral cristã, que possa progredir pelo treino da repetição. Não há técnica de obedecer às leis sociais. Isto prova que em moral não há repetição, porque não há técnica. Há, no entanto, conhecimento técnico (assim como na ciência), que é um fato imediato, de compreensão meramente intelectual. Conhecido está compreendido, e eu não o posso compreender uma segunda vez.

Em seu sentido geral, podemos falar e falamos mesmo em "arte de respirar", "arte de andar". E está certo. Implicam treino e especialização de uma técnica, portanto, repetição interessada em seu rendimento. Repare na nossa curiosa expressão familiar: "você está fazendo *arte* de cair d'aí" ou "de levar um tombo". A pessoa advertida está *repetindo* uma travessura, até que esta *renda* o tombo. Si não é *consciente*, d'aí o conselheiro *avisar*, tornando consciente no outro um rendimento, no cso, a evitar.

Ora, que seu saiba, não existe em nenhuma língua do mundo uma palavra especial que reúna em seu significado, essas artes especiais, diferençadas mas não diferentes, que chamamos de belas-artes. A diferenciação é apenas obtida pela predominância, nestas, do prazer estético a obter e d'aí as denominarmos "belas". Poderíamos, pois, defini-las como toda atividade repetida *interessada* em seu rendimento *desinteressado*. Isto é: estético.

MÁRIO

O MOVIMENTO MODERNISTA
(1942)

Manifestado especialmente pela arte, mas manchando também com violência os costumes sociais e políticos, o movimento modernista foi o prenunciador, o preparador e por muitas partes o criador de um estado de espírito nacional. A transformação do mundo com o enfraquecimento gradativo dos grandes impérios, com a prática europeia de novos ideais políticos, a rapidez dos transportes e mil e uma outras causas internacionais, bem como o desenvolvimento da consciência americana e brasileira e da educação, impunham a criação de um espírito novo e exigiam a reverificação e mesmo a remodelação da Inteligência nacional. Isto foi o movimento modernista, de que a Semana de Arte Moderna ficou sendo o brado coletivo principal. Há um mérito inegável nisto, embora aqueles primeiros modernistas... das cavernas, que nos reunimos em torno da pintura Anita Malfatti e do escultor Victor Brecheret, tenhamos como que apenas servido de altifalantes de uma força universal e nacional muito mais complexa que nós. Força fatal, que viria mesmo. Já um crítico de senso-comum afirmou que tudo quanto fez o movimento modernista, far-se-ia da mesma forma sem o movimento. Não conheço lapalissada mais graciosa. Porque tudo isso que se faria, sem o movimento modernista, seria pura e simplesmente... o movimento modernista.

Fazem vinte anos que realizou-se, no Teatro Municipal de São Paulo, a Semana de Arte Moderna. É todo um passado agradável, que não ficou nada feio, mas que me assombra um pouco também. Como tive a coragem para participar daquela batalha! É certo que com minhas experiências artísticas muito que venho escandalizando a intelectualidade do meu país, porém, expostas em livros e artigos, como que essas experiências não se realizam *in anima nobile*. Não estou de corpo presente, e isto abranda o choque da estupidez. Mas como tive coragem de dizer versos diante duma vaia tão bulhenta, que eu não escutava no palco o que Paulo Prado me gritava da primeira fila das poltronas?... Como pude fazer uma conferência sobre artes plásticas, na escadaria do Teatro, cercado de anônimos que me caçoavam e ofendiam a valer?...

O meu mérito de participante é mérito alheio: fui encorajado, fui enceguecido pelo entusiasmo dos outros. Apesar da confiança absolutamente firme que eu tinha na estética renovadora, mais que confiança, fé verdadeira, eu não teria forças nem físicas nem morais para arrostar aquela tempestade de achincalhes. E se aguentei o tranco, foi porque estava delirando. O entusiasmo dos outros me embebedava, não o meu. Por mim, teria cedido. Digo que teria cedido, mas apenas nessa apresentação espetacular que foi a Semana de Arte Moderna. Com ou sem ela, minha vida intelectual seria o que tem sido.

A Semana marca uma data, isso é inegável. Mas o certo é que a pré-consciência primeiro, e em seguida a convicção de uma arte nova, de um espírito novo, desde pelo menos seis anos, viera se definindo no... sentimento de um grupinho de intelectuais paulistas. De primeiro foi um fenômeno estritamente sentimental, uma intuição divinatória, um... estado de poesia. Com efeito: educados na plástica "histórica", sabendo quando muito da existência dos impressionistas principais, ignorando Cézanne, o que nos levou a aderir incondicionalmente à exposição de Anita Malfatti, que em plena guerra vinha nos mostrar quadros expressionistas e cubistas? Parece absurdo, mas aqueles quadros foram a revelação. E ilhados na enchente de escândalo que tomara a cidade, nós, três ou quatro, delirávamos de êxtase diante de quadros que se chamavam o "Homem Amarelo", a "Estudante Russa", a "Mulher de Cabelos Verdes". E a esse mesmo "Homem Amarelo" de formas tão inéditas então, eu dedicava um soneto de forma parnasianíssima... éramos assim.

Pouco depois, Menotti del Picchia e Oswald de Andrade descobriram o escultor Victor Brecheret, que modorrava em São Paulo numa espécie de exílio, um quarto que lhe tinham dado grátis, no Palácio das Indústrias, pra guardar os seus calungas. Brecheret não provinha da Alemanha, como Anita Malfatti, vinha de Roma. Mas também importava escurezas menos latinas, pois fora aluno do célebre Maestrovic. E fazíamos verdadeiras rêveries a galope em frente da simbólica exasperada e estilizações decorativas do "gênio". Porque Victor Brecheret, para nós, era no mínimo um gênio. Este o mínimo com que podíamos nos contentar, tais os entusiasmos a que ele nos sacudia. E Brecheret ia ser em breve o gatilho que faria *Pauliceia Desvairada* estourar...

Eu passara esse ano de 1920 sem fazer poesia mais. Tinha

cadernos e cadernos de coisas parnasianas e algumas timidamente simbolistas, mas tudo acabara por me desagradar. Na minha leitura desarvorada, já conhecia até alguns futuristas de última hora, mas só então descobrira Verhaeren. E fora o deslumbramento. Levado em principal pelas "*Villes Tentaculaires*", concebi imediatamente fazer um livro de poesias "modernas", em verso livre, sobre a minha cidade. Tentei, não veio nada que me interessasse. Tentei mais, e nada. Os meses passavam, numa angústia, numa insuficiência feroz. Será que a poesia tinha se acabado em mim?... E eu me acordava insofrido.

A isso se ajuntavam dificuldades morais e vitais de vária espécie, foi ano de sofrimento muito. Já ganhava pra viver folgado, mas na fúria de saber as coisas que me tomara, o ganho fugia em livros e eu me estrepava em cambalachos financeiros terríveis. Em família, o clima era torvo. Se mãe e irmãos não se amolavam com as minhas "loucuras", o resto da família me retalhava sem piedade. E com certo prazer até: esse doce prazer familiar de ter num sobrinho ou num primo, um "perdido" que nos valoriza virtuosamente. Eu tinha discussões brutais em que os desaforos mútuos não raro chegavam àquele ponto de arrebentação que... porque será que a arte os provoca?! A briga era braba, e se não me abatia nada, me deixava em ódio, mesmo ódio.

Foi quando Brecheret me concedeu passar em bronze um gesso dele que eu gostava, uma "Cabeça de Cristo", mas com que roupa! Eu devia os olhos da cara! Andava às vezes a pé por não ter duzentos réis pra bonde, no mesmo dia em que gastara seiscentos mil réis em livros... e seiscentos mil réis era dinheiro então. Não hesitei: fiz mais conchavos financeiros com o mano, e afinal pude desembrulhar em casa a minha "Cabeça de Cristo", sensualissimamente feliz. Isso a notícia correu num átimo, e a parentada que morava pegado, invadiu a casa pra ver. E pra brigar. Berravam, berravam. Aquilo era até pecado mortal!, estrilava a senhora minha tia velha, matriarca da família. Onde se viu Cristo de trancinha! Era feio! Medonho! Maria Luisa, vosso filho é um perdido mesmo.

Fiquei alucinado, palavra de honra. Minha vontade era bater. Jantei por dentro, num estado inimaginável de estraçalho. Depois subi para o meu quarto, era noitinha, na intenção de me arranjar, sair, espairecer um bocado, botar uma bomba no centro do mundo. Me lembro que cheguei à sacada, olhando sem ver meu largo. Ruídos, luzes, falas abertas subindo dos choferes de aluguel. Eu estava aparentemente calmo, como que indestinado. Não sei o que me deu. Fui até a escrivaninha, abri um caderno, escrevi o título em que jamais pensara, *"Pauliceia Desvairada"*. O estouro chegara afinal, depois de quase um ano de angústias interrogativas. Entre desgostos, trabalhos urgentes, dívidas, brigas, em pouco mais de uma semana estava jogado no papel um canto bárbaro, duas vezes maior do que isso que o trabalho de arte deu num livro.

Quem teve a ideia da Semana de Arte Moderna? Por mim não sei quem foi, nunca soube, só posso garantir que não fui eu. O movimento, se alastrando aos poucos, já se tornara uma espécie de escândalo público permanente. Já tínhamos lido nossos versos no Rio de Janeiro; e numa leitura principal, em casa de Ronald de Carvalho, onde também estavam Ribeiro Couto e Renato Almeida, numa atmosfera de simpatia, *"Pauliceia Desvairada"* obtinha o consentimento de Manuel Bandeira, que em 1919 ensaiara os seus primeiros versos livres, no *"Carnaval"*. E eis que Graça Aranha, célebre, trazendo da Europa a sua *"Estética da Vida"*, vai a São Paulo, e procura nos conhecer e agrupar em torno de sua filosofia. Nós nos ríamos um bocado da *"Estética da Vida"* que ainda atacava certos modernos europeus da nossa admiração, mas aderimos francamente ao mestre. E alguém lançou a ideia de se fazer uma semana de arte moderna, com exposição de artes plásticas, concertos, leituras de livros e conferências explicativas. Foi o próprio Graça Aranha? Foi Di Cavalcanti?... Porém, o que importa era poder realizar essa ideia, além de audaciosa, dispendiosíssima. E o fator verdadeiro da Semana de Arte Moderna foi Paulo Prado. E só mesmo uma figura como ele e uma cidade grande, mas provinciana como São Paulo, poderiam fazer o movimento modernista e objetivá-lo na Semana.

Houve tempo em que se cuidou de transplantar para o Rio as raízes do movimento, devido às manifestações impressionistas e principalmente pós-simbolistas que existiam então na capital da República. Existiam, é inegável, principalmente nos que mais tarde, sempre mais cuidadosos de equilíbrio e espírito construtivo, formaram o grupo da revista *"Festa"*. Em São Paulo, esse ambiente estético só fermentava em Guilherme de Almeida e num Di Cavalcanti pastelista, "menestrel dos tons velados", como o apelidei numa dedicatória esdrúxula. Mas eu creio ser um engano esse evolucionismo a todo transe, que lembra nomes de Nestor Victor ou Adelino Magalhães, como elos precursores. Então seria mais lógico evocar Manuel Bandeira com o seu "Carnaval". Mas se soubéramos deste por um acaso de livraria e o admirávamos, dos outros, nós na província ignorávamos até os nomes, porque os interesses imperialistas da Corte não eram nos mandar "humilhados ou luminosos", mas a grande camelote acadêmica, sorriso da sociedade, útil de provinciano gostar.

Não. O modernismo, no Brasil, foi uma ruptura, foi um abandono de princípios e de técnicas consequentes, foi uma revolta contra o que era a Inteligência nacional. É muito mais exato imaginar que o estado de guerra na Europa tivesse preparado em nós um espírito de guerra, eminentemente destruidor. E as modas que revestiram este espírito foram, de início, diretamente importadas da Europa. Quanto a dizer que éramos, os de São Paulo, uns antinacionalistas, uns antitradicionalistas europeizados, creio ser falta de sutileza crítica. É esquecer todo o movimento regionalista aberto justamente em São Paulo e imediatamente antes, pela "*Revista do Brasil*"; é esquecer todo o movimento editorial de Monteiro Lobato; é esquecer a arquitetura e até o urbanismo (Dubugras) neocolonial, nascidos em São Paulo. Desta ética estávamos impregnados. Menotti del Picchia nos dera o "*Juca Mulato*", estudávamos a arte tradicional brasileira e sobre ela escrevíamos; e canta regionalmente a cidade materna o primeiro livro do movimento. Mas o espírito modernista e as suas modas foram diretamente importados da Europa.

Ora, São Paulo estava muito mais "ao par" que o Rio de Janeiro. E, socialmente falando, o modernismo só podia mesmo ser importado por São Paulo e arrebentar na província. Havia uma diferença grande, já agora menos sensível, entre Rio e São Paulo. O Rio era muito mais internacional, como norma de vida exterior. Está claro: porto do mar e capital do país, o Rio possui um internacionalismo ingênito. São Paulo era espiritualmente muito mais moderna porém, fruto necessário da economia do café e do industrialismo consequente. Caipira de serra acima, conservando até agora um espírito provinciano servil, bem denunciado por sua política, São Paulo estava ao mesmo tempo, pela sua atualidade comercial e sua industrialização, em contato mais espiritual e mais técnico com a atualidade do mundo.

É mesmo de assombrar como o Rio mantém, com sua malícia vibrátil de cidade internacional, uma espécie de ruralismo, um caráter parado tradicional muito maior que São Paulo. O Rio é dessas cidades em que não só permanece indissolúvel o "exotismo" nacional (o que aliás é prova de vitalidade de seu caráter), mas a interpenetração do rural com o urbano. Coisa já impossível de se perceber em São Paulo. Como Belém, ou Recife, a Cidade do Salvador: o Rio ainda é uma cidade folclórica. Em São Paulo o exotismo folclórico não frequenta a rua Quinze, que nem os sambas que nascem nas caixas de fósforos do Bar Nacional.

Ora no Rio malicioso, uma exposição como a de Anita Malfatti podia dar reações publicitárias, mas ninguém se deixava levar. Na São Paulo sem malícia, criou uma religião. Com seus Neros também... O artigo "contra" do pintor Monteiro Lobato, embora fosse um chorrilho de tolices, sacudiu uma população, modificou uma vida.

Junto disso, o movimento modernista era nitidamente aristocrático. Pelo seu caráter de jogo arriscado, pelo seu espírito aventureiro ao extremo, pelo seu internacionalismo modernista, pelo seu nacionalismo embrabecido, pela sua gratuidade antipopular, pelo seu dogmatismo prepotente, era uma aristocracia do espírito. Bem natural, pois, que a alta e a pequena burguesia o temessem. Paulo Prado, ao mesmo tempo que um dos expoentes da aristocracia intelectual paulista, era uma das figuras principais da nossa aristocracia tradicional. Não da aristocracia improvisada do Império, mas da outra mais antiga, justificada no trabalho secular da terra e oriunda de qualquer salteador europeu, que o critério monárquico de Deus-Rei já amancebara com a genealogia. E foi por tudo isto que Paulo Prado pode medir bem o que havia de aventureiro e de exercício do perigo, no movimento, e arriscar a sua responsabilidade intelectual e tradicional na aventura.

Uma coisa dessas seria impossível no Rio, onde não existe aristocracia tradicional, mas apenas alta burguesia riquíssima. E esta não podia encampar um movimento que lhe destruía o espírito conservador e conformista. A burguesia nunca soube perder, e isso é que a perde. Se Paulo Prado, com a sua autoridade intelectual e tradicional, tomou a peito a realização da Semana, abriu a lista das contribuições e arrastou atrás de si os seus pares aristocratas e mais alguns que a sua figura dominava, a burguesia protestou e vaiou. Tanto a burguesia de classe como a de espírito. E foi no meio da mais tremenda assuada, um dos maiores insultos, que a Semana de Arte Moderna abriu a segunda fase do movimento modernista, o período realmente destruidor.

Porque na verdade, o periodo... heroico, fora esse anterior, iniciado com a exposição de pintura de Anita Malfatti e terminado na "festa" da Semana de Arte Moderna. Durante essa meia dúzia de anos fomos realmente puros e livres, desinteressados, vivendo numa união iluminada e sentimental das mais sublimes. Isolados do mundo ambiente, caçoados, evitados, achincalhados, malditos, ninguém não pode imaginar o delírio ingênuo de grandeza e convencimento pessoal com que reagimos. O estado de exaltação em que vivíamos era incontrolável. Qualquer página de qualquer um de nós jogava os outros a comoções prodigiosas, mas aquilo era genial!

E eram aquelas fugas desabaladas dentro da noite, no cadillac verde de Oswald de Andrade, a meu ver a figura mais característica e dinâmica do movimento, para ir ler as nossas obras-primas em Santos, no Alto da Serra, na Ilha das Palmas... E os encontros à tardinha, em que ficávamos em exposição diante de algum raríssimo admirador, na redação de "Papel e Tinta"... E a falange engrossava com Sergio Milliet e Rubens Borba de Morais, chegados sabidíssimos da Europa... E nós tocávamos com respeito religioso, esses peregrinos confortáveis que tinham visto Picasso e conversado com Romain Rolland... E a adesão, no Rio, de um Álvaro Moreyra, de um Ronald de Carvalho... E o desconhecimento assombrado de que existiam em São Paulo muitos quadros de Lasar Segall, já muito admirado através das revistas alemãs... Tudo gênios, tudo obras-primas geniais... Apenas Sergio Milliet punha um certo mal-estar no incêndio, com a sua serenidade equilibrada... E o filósofo da malta, Couto de Barros, pingando ilhas de consciência em nós, quando no meio da discussão, em geral limitada a bate-bocas de afirmações peremptórias, perguntava mansinho: "mas qual é o critério que você tem da palavra 'essencial'? ". Ou: "mas qual é o conceito que você tem do 'belo horrível'? "...

Éramos uns puros. Mesmo cercados de repulsa cotidiana, a saúde mental de quase todos nós nos impedia cultivo da dor. Nisso talvez as teorias futuristas tivessem uma influência única e benéfica sobre nós. Ninguém pensava em sacrifício, ninguém bancava o incompreendido, nenhum se imaginava precursor nem mártir: éramos uma arrancada de heróis convencidos. E muito saudáveis.

A Semana de Arte Moderna, ao mesmo tempo que coroamento lógico dessa arrancada gloriosamente vivida (desculpem, mas éramos gloriosos de antemão...), a Semana de Arte Moderna dava um primeiro golpe na pureza de nosso aristocracismo espiritual. Consagrado o movimento pela aristocracia paulista, se ainda sofreríamos algum tempo ataques por vezes cruéis, a nobreza regional nos dava mão forte e... nos dissolvia nos favores da vida. Está claro que não agia de caso pensado, e se nos dissolvia era pela própria natureza e o seu estado de decadência. Numa fase em que ela não tinha mais nenhuma realidade vital, como certos reis de agora, a nobreza rural paulista só podia nos transmitir a sua gratuidade. Principiou-se o movimento dos salões. E vivemos uns oito anos, até perto de 1930, na maior orgia intelectual que a história do país registra.

Mas, na intriga burguesa escandalizadíssima, a nossa "orgia" não era apenas intelectual... O que não disseram, o que não se contou das nossas festas. Champanha com éter, vicios inventadíssimos, as almofadas viraram "coxins", criaram toda uma semântica do maldizer... No entanto, quando não foram bailes públicos (que foram o que são bailes desenvoltos de alta sociedade), as nossas festas dos salões modernistas eram as mais inocentes brincadeiras de artistas que se pode imaginar.

Havia a reunião das terças, à noite, na rua Lopes Chaves. Primeira em data, essa reunião semanal continha exclusivamente artistas e precedeu mesmo a Semana de Arte Moderna. Sob o ponto de vista intelectual foi o mais útil dos salões, se é que se podia chamar salão aquilo. Às vezes doze, até quinze artistas, se reuniam no estúdio acanhado onde se comia doces tradicionais brasileiros e se bebia um alcoolzinho econômico. A arte moderna era assunto obrigatório e o intelectualismo tão intransigente e desumano que chegou mesmo a ser proibido falar mal da vida alheia! As discussões alcançavam transes agudos, o calor era tamanho que um ou outro sentava nas janelas (não havia assento para todos) e assim mais elevado dominava pela altura, já que não dominava pela voz nem pelo argumento. E aquele raro retardatário da alvorada parava defronte na esperança de alguma briga por gozar.

Havia o salão da avenida Higienópolis que era o mais selecionado. Tinha por pretexto o almoço dominical, maravilha de comida luso-brasileira. Ainda aí a conversa era estritamente intelectual, mas variava mais e se alargava. Paulo Prado com o seu pessimismo fecundo e o seu realismo, convertia sempre o assunto das livres elucubrações artísticas aos problemas da realidade brasileira. Foi o salão que durou mais tempo e se dissolveu de maneira bem malestarecenta. O seu chefe, tornando-se, por sucessão, o patriarca da família Prado, a casa foi invadida, mesmo aos domingos, por um público da alta que não podia compartilhar do rojão dos nossos assuntos. E a conversa se manchava de pôquer, casos de sociedade, corridas de cavalo, dinheiro. Os intelectuais, vencidos, foram se retirando.

E houve o salão da rua Duque de Caxias, que foi o maior, o mais verdadeiramente salão. As reuniões semanais eram à tarde, também às terças-feiras. E isso foi a causa das reuniões noturnas do mesmo dia irem esmorecendo na rua Lopes Chaves. A sociedade da rua Duque de Caxias era mais numerosa e variegada. Só em certas festas especiais, no salão moderno, construído nos jardins do solar e decorado por Lasar Segall, o grupo se tornava mais coeso. Também aí o culto da tradição era firme, dentro do maior modernismo. A cozinha, de cunho afro-brasileiro, aparecia em almoços e jantares perfeitíssimos de composição. E conto entre as minhas maiores venturas admirar essa mulher excepcional que foi Dona Olivia Guedes Penteado. A sua discrição, o seu tato e a autoridade prodigiosos com que ela soube dirigir, manter, corrigir essa multidão heterogênea que se chegava a ela, atraída pelo seu prestígio, artistas, políticos, ricaços, cabotinos, foi incomparável. O seu salão, que também durou vários anos, teve como elemento principal de dissolução a efervescência que estava preparando 1930. A fundação do Partido Democrático, o ânimo político eruptivo que se apoderara de muitos intelectuais, sacudindo-os para os extremismos de direita ou esquerda, baixara um mal-estar sobre as reuniões. Os democráticos foram se afastando. Por outro lado, integralismo encontrava algumas simpatias entre as pessoas da roda: e ainda estava muito sem vício, muito desinteressado para aceitar acomodações. Sem nenhuma publicidade, mas com firmeza, Dona Olivia Guedes Penteado soube terminar aos poucos o seu salão modernista.

O último em data desses salões paulistas foi o da alameda Barão de Piracicaba, congregado em torno da pintora Tarsila. Não tinha dia fixo, mas as festas eram quase semanais. Durou pouco. E não teve jamais o encanto das reuniões que fazíamos antes, quatro ou cinco artistas, no antigo ateliê da admirável pintora. Isto foi pouco depois da Semana, quando fixada na compreensão da burguesia, a existência de uma onda revolucionária, ela principiou nos castigando com a perda de alguns empregos. Alguns estávamos quase literalmente sem trabalho. Então íamos para o ateliê da pintora, brincar de arte, dias inteiros. Mas dos três salões aristocráticos, Tarsila conseguiu dar ao dela uma significação de maior independência, de comodidade. Nos outros dois, por maior que fosse o liberalismo dos que os dirigiam, havia tal imponência de riqueza e tradição no ambiente que não era possível nunca evitar um tal ou qual constrangimento. No de Tarsila jamais sentimos isso. O mais gostoso de nossos salões aristocráticos.

E foi da proibição desses salões que se alastrou pelo Brasil o espírito destruidor do movimento modernista. Isto é, o seu sentido verdadeiramente específico. Porque, embora lançando inúmeros processos e ideias novas, o movimento modernista foi essencialmente destruidor. Até destruidor de nós mesmos, porque o pragmatismo das pesquisas sempre enfraqueceu a liberdade da criação. Essa a verdade verdadeira. Enquanto nós, os modernistas de São Paulo, tínhamos incontestavelmente uma repercussão nacional, éramos os bodes expiatórios dos passadistas, mas ao mesmo tempo o Senhor do Bonfim dos novos do país todo, os outros modernos de então, que já pretendiam construir, formavam núcleos respeitáveis, não tem dúvida, mas de existência limitada e sem verdadeiramente nenhum sentido temporâneo. Assim Plínio Salgado que, vivendo em São Paulo, era posto de parte e nunca pisou os salões. Graça Aranha também, que sonhava construir, se atrapalhava muito entre nós; e nos assombrava a incompreensão ingênua com que a "gente séria" do grupo de *"Festa"* tomava a sério as nossas blagues e arremetia contra nós. Não. O nosso sentido era especificamente destruidor. A aristocracia tradicional nos deu mão forte, pondo em evidência mais essa germinação de destino – também ela já então autofagicamente destruidora, por não ter mais uma significação legitimável. Quanto aos aristôs do dinheiro, esses nos odiavam no princípio e sempre nos olharam com desconfiança. Nenhum salão de ricaço tivemos, nenhum milionário estrangeiro nos acolheu. Os italianos, alemães, os israelitas se faziam de mais guardadores do bom senso nacional que Prados e Penteados e Amarais...

Mas nós estávamos longe, arrebatados pelos ventos da destruição. E a fazíamos ou preparávamos especialmente pela festa, de que a Semana de Arte Moderna fora a primeira. Todo esse tempo destruidor do movimento modernista foi pra nós tempo de festa, de cultivo imoderado do prazer. E se tamanha festança diminui por certo nossa capacidade de produção e serenidade criadora, ninguém pode imaginar como nos divertimos. Salões, festivais, bailes célebres, semanas passadas em grupo nas fazendas opulentas, semanas-santas pelas cidades velhas de Minas, viagens pelo Amazonas, pelo Nordeste, chegadas à Bahia, passeios constantes ao passado paulista, Sorocaba, Parnaíba, Itú... Era ainda o caso do baile sobre os vulcões... Doutrinários, na ebriez de mil e uma teorias, salvando o Brasil, inventando o mundo, na verdade tudo consumíamos, e a nós mesmos, no cultivo amargo, quase delirante, do prazer.

O movimento de Inteligência que representamos, na fase verdadeiramente "modernista", não foi o fator das mudanças político-sociais posteriores no Brasil. Foi essencialmente um preparador; o criador de um estado-de-espírito revolucionário e de um sentimento de arrebentação. E se numerosos dos intelectuais do movimento se dissolveram na política, se vários de nós participamos das reuniões iniciais do Partido Democrático, carece não esquecer que tanto este como 1930 eram ainda destruição. Os movimentos espirituais precedem sempre as mudanças de ordem social. O movimento social de destruição é que principiou com o *Pauliceia Desvairada* e 1930. E no entanto, é justo por esta data de 1930, que principia para a Inteligência brasileira uma fase mais calma, mais modesta e cotidiana, mais proletária, por assim dizer, de construção. À espera que um dia as outras formas sociais a imitem.

E foi a vez do salão de Tarsila se acabar. Mil novecentos e trinta... Tudo estourava, políticas, famílias, casais de artistas, estéticas, amizades profundas. O sentido destrutivo e festeiro do movimento modernista já não tinha mais razão de ser, cumprido o seu destino legítimo. Na rua, o povo amotinado gritava: – Getúlio! Getúlio!... Na sombra, Plínio Salgado pintava de verde a sua megalomania de Esperado. No norte, atingindo de salto as nuvens mais desesperadas, outro avião abria asas do terreno incerto da bagaceira. Outros abriam, mas eram as veias pra manchar de encarnado as suas quatro paredes de segredo. Mas nesse vulcão, agora ativo e de tantas esperanças, já vinham se fortificando as belas figuras mais nítidas e construidoras, os Lins do Rego, os Augusto Frederico Schmidt, os Otávio de Faria e os Portinari e os Camargo Guarnieri. Que a vida terá que imitar algum dia.

Não cabe neste discurso de caráter polêmico, o processo analítico do movimento modernista. Embora se integrassem nele figuras e grupos preocupados de construir, o espírito modernista que avassalou o Brasil, que deu o sentido histórico da Inteligência nacional nesse período, foi destruidor. Mas esta destruição, não apenas continha todos os germes da atualidade, como era uma convulsão profundíssima da realidade brasileira. O que caracteriza esta realidade que o movimento modernista impôs, é, a meu ver, a fusão de três princípios fundamentais: o direito permanente à pesquisa estética; a atualização da inteligência artística brasileira; e a estabilização de uma consciência criadora nacional.

Nada disso representa exatamente uma inovação e de tudo encontramos exemplos na história artística do país. A novidade fundamental, imposta pelo movimento, foi a conjugação dessas três normas num todo orgânico da consciência coletiva. E se, dantes, nós distinguimos a estabilização assombrosa de uma consciência nacional num Gregório de Matos, ou, mais natural e eficiente, num Castro Alves: é certo que a nacionalidade deste, como a nacionalistiquice do outro, e o nacionalismo de um Carlos Gomes, e até mesmo de um Almeida Júnior, eram episódicos como realidade do espírito. E em qualquer caso, sempre um individualismo.

Quanto ao direito de pesquisa estética e atualização universal da criação artística, é incontestável que todos os movimentos históricos das nossas artes (menos o Romantismo, que comentarei adiante) sempre se basearam no academicismo. Com alguma exceção individual rara, e sem a menor repercussão coletiva, os artistas brasileiros jogaram sempre colonialmente no certo. Repetindo e afeiçoando estéticas já consagradas, se eliminava assim o direito de pesquisa, e consequentemente de atualidade. E foi dentro desse academismo inelutável que se realizaram nossos maiores, um Aleijadinho, um Costa Ataíde, Cláudio Manuel, Gonçalves Dias, Gonzaga, José Maurício, Nepomuceno, Aluísio. E até mesmo um Álvares de Azevedo, até mesmo um Alphonsus de Guimaraens.

Ora, o nosso individualismo entorpecente se esperdiçava no mais desprezível dos lemas modernistas, "não há escolas!", e isso terá por certo prejudicado muito a eficiência criadora do movimento. E se não prejudicou a sua ação espiritual sobre o país, é porque o espírito paira sempre acima dos preceitos, como das próprias ideias... Já é tempo de observar, não o que um Augusto Meyer, um Tasso da Silveira e um Carlos Drummond de Andrade tem de diferente, mas o que têm de igual. E o que nos igualava, por cima de nossos despautérios individualistas, era justamente a organicidade de um espírito atualizado, que pesquisava já irrestritamente radicado à sua entidade coletiva nacional. Não apenas acomodado à terra, mas gostosamente radicado em sua realidade. O que não se deu sem alguma patriotice e muita falsificação...

Nisto as orelhas burguesas se alardearam refartas por debaixo da aristocrática pele do leão que nos vestira... Porque, com efeito, o que se observa, o que caracteriza essa radicação na terra, num grupo numeroso de gente modernista de uma assustadora adaptabilidade política, palradores de definições nacionais, sociólogos otimistas, o que os caracteriza é um conformismo legítimo, disfarçado e mal disfarçado nos melhores, mas na verdade cheio de uma cínica satisfação. A radicação na terra, gritada em doutrinas e manifestos, não passava de um conformismo acomodático. Menos que radicação, uma cantoria ensurdecedora, bastante acadêmica, que não raro tornou-se um porque-me-ufano larvar. A verdadeira consciência da terra levava fatalmente ao não-conformismo e ao protesto, como Paulo Prado com o *"Retrato do Brasil"*, e os vasqueiros "anjos" do Partido Democrático e do Integralismo. E 1930 vai ser também um protesto! Mas para um número vasto de modernistas, o Brasil se tornou uma dádiva do céu. Um céu bastante governamental... Graça Aranha, sempre desacomodado em nosso meio que ele não podia sentir bem, tornou-se o exegeta desse nacionalismo conformista, com aquela frase detestável de não sermos "a câmara mortuária de Portugal". Quem pensava nisso! Pelo contrário, o que ficou dito foi que não nos incomodava nada "coincidir" com Portugal, pois o importante era a desistência do confronto e das liberdades falsas. Então nos xingaram de "primitivistas".

O estandarte mais colorido dessa radicação à pátria foi a pesquisa da "língua brasileira". Mas foi talvez boato falso. Na verdade, apesar das aparências e da bulha que fazem agora certas santidades de última hora, nós estamos ainda atualmente tão escravos da gramática lusa como qualquer português. Não há dúvida nenhuma que nós hoje sentimos e pensamos o *quantum satis* brasileiramente. Digo isto até com certa melancolia, amigo Macunaíma, meu irmão. Mas isso não é o bastante para identificar a nossa expressão verbal, muito embora a realidade brasileira, mesmo psicológica, seja agora mais forte e insolúvel que nos tempos de José de Alencar ou de Machado de Assis. E como negar que estes também pensavam brasileiramente? Como negar que no estilo de Machado de Assis, luso pelo ideal, intervém um *quid* familiar que o diferencia verticalmente de um Garret e um Ortigão? Mas se nos românticos, em Álvares de Azevedo, Varela, Alencar, Macedo, Castro Alves, há uma identidade brasileira que nos parece bem maior que a de Brás Cubas ou Bilac, é porque nos românticos chegou-se a um "esquecimento" da gramática portuguesa, que permitiu muito maior colaboração entre o ser psicológico e a sua expressão verbal.

O espírito modernista reconheceu que se vivíamos já de nossa realidade brasileira, carecia reverificar nosso instrumento de trabalho para que nos expressássemos com identidade. Inventou-se do dia pra noite a fabulosíssima "língua brasileira". Mas ainda era cedo; e a força dos elementos contrários, principalmente a ausência de órgãos científicos adequados, reduziu tudo a manifestações individuais. E hoje, como normalidade de língua culta e escrita, estamos em situação inferior à de cem anos atrás. A ignorância pessoal de vários fez com que se anunciassem em suas primeiras obras, como padrões excelentes de brasileirismo estilístico. Era ainda o mesmo uso dos românticos: não se tratava duma superação da lei portuga, mas duma ignorância dela. Mas assim que alguns desses prosadores se firmaram pelo valor pessoal admirável que possuíam (me refiro à geração de 30), principiaram as veleidades de escrever certinho. E é cômico observar que, hoje em alguns dos nossos mais fortes estilistas surgem a cada passo, dentro duma expressão já intensamente brasileira, lusitanismos sintáxicos ridículos. Tao ridículos que se tornam verdadeiros erros de gramática! Noutros, esse reportuguesamento expressional ainda e mais precário: querem ser lidos além-mar, e surgiu o problema econômico de serem comprados em Portugal. Enquanto isso, a melhor intelectualidade lusa, numa liberdade esplendida, aceitava abertamente os mais exagerados de nós, compreensiva, sadia, mão na mão.

Teve também os que, desaconselhados pela preguiça, resolveram se despreocupar do problema... São os que pregam anglicismos e galicismos dos mais abusivos, mas repudiam qualquer "me parece" por artificial! Outros, mais cômicos ainda, dividiram o problema em dois: nos seus textos escrevem gramaticalmente, mas permitem que seus personagens, falando, "errem" o português. Assim, a...

culpa não é do escritor, é dos personagens! Ora não há solução mais incongruente em sua aparência contraditória. Não só põe em foco o problema do erro de português, como estabelece um divórcio inapelável entre a língua falada e a língua escrita – bobagem bêbada para quem souber um naco de filologia. E tem ainda as garças brancas do individualismo que, embora nacional, se recusam a colocar brasileiramente um pronome, para não ficarem parecendo com Fulano! Estes ensimesmados esquecem que o problema é coletivo e que, se adotado por muitos, muitos ficavam se parecendo com o Brasil!

A tudo isto se ajuntava quase decisório, o interesse econômico de revistas, jornais e editores que intimidados com alguma carta rara de leitor gramatiquento ameaçando não comprar, se opõem à pesquisa linguística e chegam ao desplante de corrigir artigos assinados. Mas, morto o metropolitano Pedro II, quem nunca respeitou a inteligência neste país!

Tudo isto, no entanto, era sempre estar com o problema na mesa. A desistência grande foi criarem o mito do "escrever naturalmente", não tem dúvida, o mais feiticeiro dos mitos. No fundo, embora não consciente e desonrosa, era uma desonestidade como qualquer outra. E a maioria, sob o pretexto de escrever naturalmente (incongruência, pois a língua escrita, embora lógica e derivada, é sempre artificial), se chafurdou na mais antilógica e antinatural das escritas. São uma lástima. Nenhum deles deixara de falar "naturalmente" um "Está se vendo" ou "Me deixe". Mas pra escrever... com naturalidade, até inventam os socorros angustiados das conjunções, pra se saírem com um "E se está vendo" que salva a pátria da retorquisse. E é uma delícia constatar que se afirmam escrever brasileiro, não tem uma só frase deles que qualquer luso não assinasse com integridade nacional... lusa. Se identificam àquele deputado mandando fazer uma lei que chamava de "língua brasileira" à língua nacional. Pronto: estava resolvido o problema! Mas como incontestavelmente sentem e pensam com nacionalidade, isto é, numa entidade ameríndio-luso-latino-americano-anglofranco-etc., o resultado é essa linguagem *ersatz* em que se desamparam – triste moxinifada moluscoide sem vigor nem caráter.

Não me refiro a ninguém não, me refiro a centenas. Me refiro justamente aos honestos, aos que sabem escrever e possuem técnica. São eles que provam a inexistência duma "língua brasileira", e que a colocação do mito no campo das pesquisas modernistas foi quase tão prematura como no tempo de José de Alencar. E se os chamei de inconscientemente desonestos é porque a arte, como a ciência, como o proletariado, não trata apenas de adquirir o bom instrumento de trabalho, mas impõe a sua constante reverificação. O operário não compra a foice apenas, ele tem de afiá-la dia após dia. O médico não fica no diploma, o renova dia por dia no estudo. Será que a arte nos exime deste diarismo profissional? Não basta criar o despudor da "naturalidade", da "sinceridade" e ressonar à sombra do deus novo. Saber escrever está muito bem; não é mérito, é dever primário. Mas o problema verdadeiro do artista não é esse: é escrever melhor. Toda a história do profissionalismo humano o prova. Ficar no aprendido não é ser natural: é ser acadêmico; não é despreocupação: é passadismo.

A pesquisa era ingente por demais. Cabia aos filólogos brasileiros, já criminosos de tão vexatórias reformas ortográficas patrioteiras, o trabalho honesto de fornecer aos artistas uma codificação das tendências e constâncias da expressão linguística nacional. Mas eles recuam diante do trabalho útil, é tão mais fácil ler os clássicos! Preferem a ciêncinha de explicar um erro de copista, imaginando uma palavra inexistente no latim vulgar. Os mais avançados vão até aceitar timidamente que iniciar a frase com pronome oblíquo não é "mais" erro no Brasil. Mas confessam não escrever... isso, pois não seriam "sinceros" com o que beberam no leite materno. Beberam "des-hormônios"! Bolas para os filólogos!

Caberia aqui também o repúdio dos que pesquisaram sobre a língua escrita nacional.. Preocupados pragmaticamente em ostentar o problema, praticaram tais exageros de tornar pra sempre odiosa a língua brasileira. Eu sei: talvez neste caso ninguém vença o escritor dessas linhas. Em primeiro lugar, o escrito destas linhas, com alguma faringite, vai passando bem, muito obrigado. Mas é certo que jamais exigiu lhe seguissem os brasileirismos violentos. Se os praticou (um tempo) foi na intenção de pôr em angústia aguda uma pesquisa que julgava fundamental. Mas o problema primeiro não é acintosamente vocabular, é sintáxico. E afirmo que o Brasil hoje possui, não apenas regionais, mas generalizadas no país, numerosas tendências e constâncias sintáxicas que lhe dão natureza característica à linguagem. Mas isso decerto ficará para outro futuro movimento modernista, amigo José de Alencar, meu irmão.

Mas como radicação da nossa cultura artística à entidade brasileira, as compensações são muito numerosas para que a atual hesitação linguística se torne falha grave. Como expressão nacional, é quase incrível o avanço enorme dado pela música e mesmo pela pintura, bem como o processo do Homo brasileiro realizado pelos nossos romancistas e ensaístas atuais. Espiritualmente, o progresso mais curioso e fecundo é o esquecimento do amadorismo nacionalista e do segmentarismo regional. A atitude do espírito se transformou radicalmente e talvez nem os moços de agora possam compreender essa mudança. Tomados ao acaso, romances como os de Emil Farhat, Fran Martins ou Telmo Vergara, há vinte anos atrás seriam classificados como literatura regionalista, com todo o exotismo e o insolúvel do "característico". Hoje quem sente mais isso? A atitude espiritual com que lemos esses livros não é mais a da contemplação curiosa, mas a de uma participação sem teoria nacionalista, uma participação pura e simples, não dirigida, espontânea.

É que realizamos essa conquista magnífica da descentralização intelectual, hoje em contraste aberrante com outras manifestações sociais do país. Hoje a Corte, o fulgor das duas cidades brasileiras de mais de um milhão, não tem nenhum sentido intelectual que não seja meramente estatístico. Pelo menos quanto à literatura, única das artes que já alcançou estabilidade normal no país. As outras são demasiado dispendiosas pra se normalizarem numa terra de tão interrogativa riqueza pública como a nossa. O movimento modernista, pondo em relevo e sistematizando uma "cultura" nacional, exigiu da Inteligência estar ao par do que se passava nas numerosas Cataguazes. E se as cidades de primeira grandeza fornecem facilitações publicitárias sempre especialmente estatísticas, é impossível ao brasileiro nacionalmente culto, ignorar um Érico Veríssimo, um Ciro dos Anjos, um Camargo Guarnieri, nacionalmente gloriosos do canto das suas províncias. Basta comparar tais criadores com fenômenos já históricos mas idênticos, um Alphonsus de Guimaraens, um Amadeu Amaral e os regionalistas imediatamente anteriores a nós, para verificar a convulsão fundamental do problema. Conhecer um Alcides Maia, um Carvalho Ramos, um Teles Junior era, nos brasileiros de há vinte anos, um fato individualista de maior ou menor "civilização". Conhecer um Guilhermino Cesar, um Viana Moog ou Olívio Montenegro, hoje é uma exigência de "cultura". Dantes, esta exigência estava relegada... aos historiadores.

A prática principal desta descentralização da Inteligência se fixou no movimento nacional das editoras provincianas. E se ainda vemos o caso de uma grande editora, como a Livraria José Olímpio, obedecer à atração da mariposa pela chama, indo se apadrinhar com o prestígio da Corte, por isto mesmo ele se torna mais comprovatório. Porque o fato da Livraria José Olímpio ter cultamente publicado escritores de todo o país, não a caracteriza. Nisto ela apenas se iguala à outras editoras também cultas de província, uma Globo, uma Nacional, a Martins, a Guaíra. O que exatamente caracteriza a editora da rua do Ouvidor – umbigo do Brasil, como diria Paulo Prado – é ter se tornado, por assim dizer, o órgão oficial das oscilações ideológicas do país, publicando tanto a dialética integralista como a política do sr. Francisco Campos.

Quanto à conquista do direito permanente de pesquisa estética, creio não ser possível qualquer contradição: é a vitória grande do movimento no campo da arte. E o mais característico é que o antiacademismo das gerações posteriores à da Semana de Arte Moderna, se fixou exatamente naquela lei estético-técnica do "fazer melhor" a que aludi, e não como um abusivo instinto de revolta, destruidor em princípio, como foi o do movimento modernista. Talvez seja o atual, realmente, o primeiro movimento de independência da Inteligência brasileira, que a gente possa ter como legitimo indiscutível. Já agora com todas as probabilidades de permanência. Até o Parnasianismo, até o Simbolismo, até o Impressionismo inicial de um Villa-Lobos, o Brasil jamais pesquisou (como consciência coletiva, entenda-se), nos campos da criação estética. Não só importávamos técnicas e estéticas, como só as importávamos depois de certa estabilização na Europa, e a maioria das vezes já academizadas. Era ainda um completo fenômeno de colônia, imposto pela nossa escravização econômico-social. Pior que isso: esse espirito acadêmico não tendia para nenhuma libertação e para uma expressão própria. E se um Bilac da "Via Láctea" é maior que todo o Lecomte, a... culpa não é de Bilac. Pois o que ele almejava era mesmo ser parnasiano, senhora Serena Forma.

Essa normalização do espírito de pesquisa estética, antiacadêmica, porém não mais revoltada e destruidora, a meu ver, é a maior manifestação de independência e de estabilidade nacional que já conquistou a Inteligência brasileira. E como os movimentos das outras formas da sociedade, é fácil de perceber a mesma tendência de liberdade e conquista de expressão própria, tanto na imposição do verso livre antes de 30, como na "marcha para o Oeste" posterior a 30; tanto na *Bagaceira*, no *Estrangeiro*, na *Negra Fulô* anteriores a 1930, como no caso da Itabira e a nacionalização das indústrias pesadas, posteriores a 1930.

Eu sei que ainda existem espíritos coloniais (é tão fácil a erudição!) só preocupados em demonstrar que sabem mundo a fundo, que nas paredes de Portinari só enxergam os murais de Rivera, no atonalismo de Francisco Mignone só percebem Schoenberg, ou no *"Ciclo da Cana de Açúcar"*, o *roman-fleuve* dos franceses...

O problema não é complexo, mas seria longo discuti-lo aqui. Me limitarei a propor o dado principal. Nós tivemos no Brasil um movimento espiritual (não falo apenas escola de arte) que foi absolutamente "necessário", o Romantismo.

Insisto: não me refiro apenas ao romantismo literário, tão acadêmico como a importação inicial do modernismo artístico, e que se poderá comodamente datar de Domingos José Gonçalves de Magalhães, como o nosso do expressionismo de Anita Malfatti. Me refiro ao "espírito" romântico, ao espírito revolucionário romântico, que está na Inconfidência, no Basílio da Gama do *"Uraguai"*, nas liras de Gonzaga como nas *"Cartas Chilenas"* de quem os senhores quiserem. Este espírito preparou o estado revolucionário de que resultou a independência política, e teve como padrão bem briguento a primeira tentativa de língua brasileira. O espírito revolucionário modernista, tão necessário como o romântico, preparou o estado revolucionário de 30 em diante, e também teve como padrão barulhento a segunda tentativa de nacionalização da linguagem. A similaridade é muito forte.

Esta necessidade espiritual, que ultrapassa a literatura estética, é que diferencia fundamentalmente Romantismo e Modernismo das outras escolas de arte brasileiras. Estas foram todas essencialmente acadêmicas, obediências culturalistas que denunciavam muito bem o colonialismo da Inteligência nacional. Nada mais absurdamente imitativo (pois se nem era imitação, era escravidão!) que a cópia, no

Brasil, de movimentos estéticos particulares, que de forma alguma eram universais, como o culteranismo ítalo-ibérico setecentista, como o Parnasianismo, como o Simbolismo, como o Impressionismo, ou como o Wagnerismo de um Leopoldo Miguez. São superfetações culturalistas, impostas de cima para baixo, de proprietário a propriedade, sem o menor fundamento das forças populares. Daí uma base desumana, prepotente e, meu Deus! arianizante que, se prova o imperialismo dos que com ela dominavam, prova a sujeição dos que com ela eram dominados. Ora, aquela base humana e popular das pesquisas estéticas é facílimo encontrar no Romantismo, que chegou mesmo a retornar coletivamente às fontes do povo e, a bem dizer, criou a ciência do folclore. E mesmo sem lembrar folclore, no verso livre, no cubismo, no atonalismo, no predomínio do ritmo, no super-realismo mítico, no expressionismo, iremos encontrar essas mesmas bases populares e humanas. E até primitivas, como a arte negra que influiu na invenção e na temática cubista. Assim como o cultíssimo roman-fleuve e os ciclos com que um Octavio de Faria processa a decrepitude da burguesia, ainda são instintos e formas funcionalmente populares, que encontramos nas mitologias cíclicas, nas sagas e nos Kalevalas e Nibelungos de todos os povos. Já um autor escreveu, como conclusão condenatória, que "a estética do Modernismo ficou indefinível"... Pois essa é a melhor razão de ser do Modernismo! Ele não era uma estética, nem na Europa nem aqui. Era um estado de espírito revoltado e revolucionário que, se a nós nos atualizou, sistematizando como constância da Inteligência nacional o direito antiacadêmico da pesquisa estética e preparou o estado revolucionário das outras manifestações sociais do país, também fez isto mesmo no resto do mundo, profetizando estas guerras de que uma civilização nova nascerá.

E hoje o artista brasileiro tem diante de si uma verdade social, uma liberdade (infelizmente só estética), uma independência, um direito às suas inquietações e pesquisas que, não tendo passado pelo que passaram os modernistas da Semana, ele nem pode imaginar que conquista enorme representa. Quem se revolta mais, quem briga mais contra o politonalismo de um Lourenço Fernandes, contra a arquitetura do Ministério da Educação, contra os versos "incompreensíveis" de um Murilo Mendes, contra o personalismo de um Guignard?... Tudo isso são hoje manifestações normais, discutíveis sempre, mas que não causam o menor escândalo público. Pelo contrário, são os próprios elementos governamentais que aceitam a realidade de um Lins do Rego, de um Villa-Lobos, de um Almir de Andrade, pondo-os em xeque e no perigo das predestinações. Mas um Flávio de Carvalho, mesmo com as suas experiências numeradas, e muito menos um Clóvis Graciano, mas um Camargo Guarnieri mesmo em luta com a incompreensão que o persegue, um Octávio de Faria com a aspereza dos casos que expõe, um Santa Rosa, jamais não poderão suspeitar o a que nos sujeitamos, pra que eles pudessem viver hoje abertamente o drama que os dignifica. A vaia acesa, o insulto público, a carta anônima, a perseguição financeira... Mas recordar é quase exigir simpatia e estou a mil léguas disto.

E me cabe finalmente falar sobre o que chamei de "atualização da inteligência artística brasileira". Com efeito: não se deve confundir isso com a liberdade da pesquisa estética, pois esta lida com formas, com a técnica e as representações da beleza, ao passo que a arte é muito mais larga e complexa que isso, e tem uma funcionalidade imediata social, é uma profissão e uma força interessada da vida.

A prova mais evidente desta distinção é o famoso problema do assunto em arte, no qual tantos escritores e filósofos se emaranharam. Ora, não há dúvida nenhuma que o assunto não tem a menor importância para a inteligência estética. Chega mesmo a não existir para ela. Mas a inteligência estética se manifesta por intermédio de uma expressão interessada da sociedade, que é a arte. Esta é que tem uma função humana, imediatista e maior que a criação hedonística da beleza. E dentro dessa funcionalidade humana da arte é que o assunto adquire um valor primordial e representa uma mensagem imprescindível. Ora, como atualização da inteligência artística é que o movimento modernista representou um papel contraditório e muitas vezes gravemente precário.

Atuais, atualíssimos, universais, originais mesmo por vezes em nossas pesquisas e criações, nós, os participantes do período melhormente chamado "modernista", fomos, com algumas exceções nada convincentes, vítimas do nosso prazer da vida e da festança em que nos desvirilizamos. Se tudo mudávamos em nós, uma coisa nos esquecemos de mudar: a atitude interessada diante da vida contemporânea. E isto era o principal! Mas aqui meu pensamento se torna tão delicadamente confessional que terminarei este discurso falando mais diretamente de mim. Que se reconheçam no que eu vou dizer os que o puderem.

Não tenho a menor reserva em afirmar que a minha obra representa uma dedicação feliz a problemas do meu tempo e minha terra. Ajudei coisas, maquinei coisas, fiz coisas, muita coisa! E, no entanto, me sobra agora a sentença de que fiz muito pouco, porque todos os meus feitos derivaram duma ilusão vasta. E eu que sempre me pensei, e senti mesmo, sadiamente banhado de amor humano, chego no declínio da vida à convicção de que faltou humanidade em mim. Meu aristocratismo me puniu. Minhas intenções me enganaram.

Vítima do meu individualismo, procuro em vão nas minhas obras, e também nas de muitos companheiros, uma paixão mais temporânea, uma dor mais viril da vida. Não tem. Tem, mas é uma antiquada ausência de realidade em muitos de nós. Estou repisando o que já disse a um moço... E outra coisa senão o respeito que tenho pelo destino dos mais novos se fazendo, não me levaria a esta confissão bastante cruel, de perceber em quase toda a minha obra a insuficiência do abstencionismo. Francos, dirigidos, muitos de nós demos às nossas obras uma caducidade de combate. Estava certo, em princípio. O engano é que nos pusemos combatendo lençóis superficiais de fantasmas. Deveríamos ter inundado a caducidade utilitária do nosso discurso, de maior angústia do tempo, de maior revolta contra a vida como está. Em vez: formos quebrar vidros de janelas, discutir modas de passeio, ou cutucar os valores eternos, ou saciar nossa curiosidade de cultura. E se agora percorro a minha obra já numerosa e que representa uma vida trabalhada, não me vejo uma só vez pegar a máscara do tempo e esbofeteá-la como ela merece. Quando muito lhe fiz de longe umas caretas. Mas isto, a mim, não me satisfaz.

Não me imagino político de ação. Mas nós estamos vivendo uma idade política do homem, e a isso eu tinha que servir. Mas em síntese, eu só me percebo, feito um Amador Bueno qualquer, falando "não quero" e me isentando da atualidade por detrás das portas contemplativas de um convento. Também não me desejaria escrevendo páginas explosivas, brigando a pau por ideologias e ganhando os louros fáceis de um xilindró. Tudo isso não sou nem é pra mim. Mas estou convencido de que devíamos ter nos transformado de especulativos em especuladores. Há sempre jeito de escorregar num ângulo de visão, numa escolha de valores, no embaçado duma lágrima que avolumem ainda mais o insuportável das condições atuais do mundo. Não. Viramos abstencionistas abstêmios e transcendentes . Mas por isso mesmo que fui sinceríssimo, que desejei ser fecundo e joguei lealmente com todas as minhas cartas à vista, alcançando agora esta consciência de que fomos bastante inatuais. Vaidade, tudo vaidade...

Tudo o que fizemos... tudo o que eu fiz foi especialmente uma cilada da minha felicidade pessoal e da festa em que vivemos. É, aliás o que, com decepção açucarada, nos explica historicamente. Nós éramos os filhos finais de uma civilização que se acabou, e é sabido que o cultivo delirante do prazer individual represa as forças dos homens sempre que uma idade morre. E já mostrei que o movimento modernista foi destruidor. Muitos porem ultrapassamos essa fase destruidora, não nos deixamos ficar no seu espirito e igualamos nosso passo, embora um bocado turtuveante, ao das gerações mais novas. Mas apesar das sinceras intenções boas que dirigiram a minha obra e a deformaram muito, na verdade, será que não terei passeado apenas, me iludindo de existir?... É certo que eu me sentia responsabilizado pelas fraquezas e as desgraças dos homens. É certo que pretendi regar minha obra de orvalhos mais generosos, sujá-la nas impurezas da dor, sair do limbo "ne trista ne lieta" da minha felicidade pessoal. Mas pelo próprio exercício da felicidade, mas pela própria altivez sensualíssima do individualismo, não me era mais possível renegá-los como um erro, embora eu chegue um pouco tarde à convicção de sua mesquinhez.

A única observação que pode trazer alguma complacência para o que eu fui, é que eu estava enganado. Julgava sinceramente cuidar mais da vida que de mim. Deformei, ninguém não imagina quanto, a minha obra – o que não quer dizer que se não fizesse isso, ela fosse melhor... Abandonei, traição consciente, a ficção, em favor de um homem-de-estudo que fundamentalmente não sou. Mas é que eu decidira impregnar tudo quanto fazia de um valor utilitário, um valor prático da vida, que fosse alguma coisa mais terrestre que ficção, prazer estético, a beleza divina.

Mas eis que chego a este paradoxo irrespirável: tendo deformado toda a minha obra por um anti-individualismo dirigido e voluntarioso, toda a minha obra não é mais que um hiperindividualismo implacável! E é melancólico chegar assim no crepúsculo, sem contar com a solidariedade de si mesmo. Eu não posso estar satisfeito de mim. O meu passado não é mais meu companheiro. Eu desconfio do meu passado.

Mudar? Acrescentar? Mas como esquecer que estou na rampa dos cinquenta anos e que os meus gestos agora já são todos... memórias musculares?... Ex omnibus bonis quae homini tribuit natura, nullum melius esse tempestiva morte... O terrível é que talvez ainda nos seja mais acertada a discrição a virarmos por aí cacoeteiros de atualidade, macaqueando as atuais aparências do mundo. Aparências que levarão o homem por certo a maior perfeição de sua vida. Me recuso a imaginar na inutilidade das tragédias contemporâneas. O Homo Imbecilis acabará entregando os pontos à grandeza do seu destino.

Eu creio que os modernistas da Semana de Arte Moderna não devemos servir de exemplo a ninguém. Mas podemos servir de lição. O homem atravessa uma fase integralmente política da humanidade. Nunca jamais ele foi tão momentâneo como agora. Os abstencionismos e os valores eternos podem ficar pra depois. E apesar da nossa atualidade, da nossa nacionalidade, da nossa universalidade, uma coisa não ajudamos verdadeiramente, duma coisa não participamos: o melhoramento político-social do homem. E esta é a essência mesma da nossa idade.

Se de alguma coisa pode valer o meu desgosto, a insatisfação que eu me causo, que os outros não sentem assim na beira do caminho, espiando a multidão passar. Façam ou se recusem a fazer arte, ciências, ofícios. Mas não fiquem apenas nisto, espiões da vida, camuflados em técnicos de vida, espiando a multidão passar. Marchem com as multidões.

Aos espiões nunca foi necessária essa "liberdade" pela qual tanto se grita. Nos períodos de maior escravização do indivíduo, Grécia, Egito, artes e ciências não deixaram de florescer. Será que a liberdade é uma bobagem?... Será que o direito é uma bobagem!... A vida humana é que é alguma coisa a mais que ciências, artes e profissões. E é nessa vida que a liberdade tem um sentido, e o direito dos homens. A liberdade não é um prêmio, é uma sanção. Que há de vir.

A ELEGIA DE ABRIL
(1941)

Poucas vezes me vi tão indeciso como neste momento, em que uma revista de moços me pede [para] iniciar nela a colaboração dos veteranos. Seria mais hábil lhe ceder um desses estudos especializados, que salvasse em sua máscara os meus louros possíveis de escritor. Mas ainda conservo das minhas aventuras literárias, aquela audácia de poder errar, com que aceitei de um dos moços que me convidaram a este artigo a sugestão de falar sobre a inteligência nova do meu país. E confessarei desde logo que não a sinto muito superior à de minha geração.

Nós ainda tínhamos muito presentes, e praticadas mesmo em nossos anos de rapazes, as tradições da cabeleira. Ainda ouvíramos, e usáramos um bocado, a boemia dos cafés e a cor nervosa do absinto. Mas de um acorde de Debussy, de uma opinião de Wilde ou de Gide, da corte de Guilherme II, para um ritmo batido de Strawinsky, um assunto de Rivera e os companheiros de Hitler, vai tal antagonismo, que as melhoras da inteligência brasileira não me parecem satisfazer exigências do tempo e da nacionalidade.

É certo que sob o ponto-de-vista cultural progredimos bastante. Se em algumas escolas tradicionais há muito atraso, junto aos núcleos de certas faculdades novas de filosofia, ciências e letras, de medicina, de economia e política, já vão se formando gerações bem mais técnicas e bem mais humanísticas. Há um realismo novo, um maior interesse pela inteligência lógica, que se observa muito bem nisso de serem agora mais numerosos os escritores que iniciam carreira escrevendo prosa e interessados só por ela, quebrando a tradição do livrinho de versos inaugural.

Esta melhoria sensível de inteligência técnica se manifesta principalmente nas escolas que tiveram o bom-senso de buscar professores estrangeiros, ou mesmo brasileiros educados noutras terras, os quais trouxeram de seus costumes culturais e progresso pedagógico uma mentalidade mais sadia que desistiu do brilho e da adivinhação. A modos que sempre fui um subalterno Cherubini, desconfiado dos geniais e dos meninos-prodígios... Sempre é certo que as poucas vezes em que fui chamado a servir publicamente, só o preparo das coletividades em mais alto nivelamento me preocupou. Assim agi quando foi da reforma do Instituto Nacional de Música. Assim agi no programa de expansão cultural do Departamento de Cultura e por isso tanto me detestaram os geniosos do solo resplendente. E ainda faz pouco, tendo o Sr. Ministro da Educação me pedido um anteprojeto para uma escola de belas-artes, se já, mais pacificado em minhas experiências, cedi um jardinzinho de exceção aos gênios em promessa, o pressuposto que determinou meus conselhos e formas, foi o de um alto nivelamento artesanal. Sou sim pelo nivelamento das coletividades. Não pelo nivelamento por baixo, que se percebe a cada *close-up* do nosso ramerrão educativo, mas por um elevado nivelamento cultural da nossa inteligência brasileira, que evite a falsa altura, tão comum entre nós, dos arranha-céus... em taipa de mão. E por isso não me desagrada a modesta consciência técnica com que a escola de São Paulo se afirma em sua macia lentidão, na pintura como nas ciências sociais, ajuntando pedra sobre pedra, amiga das afirmações bem baseadas, mais amorosa de pesquisar que de concluir. Mas esta primeira diferença grande me parece pouco.

Da minha geração, de espírito formado antes de 1914, para as gerações mais novas, vai outra diferença, esta profunda mas pérfida, que está dando péssimo resultado. Nós éramos abstencionistas, na infinita maioria. Nem poderei dizer "abstencionistas", o que implica uma atitude consciente do espírito: nós éramos uns inconscientes. Nem mesmo o nacionalismo que praticávamos com um pouco maior largueza que os regionalistas nossos antecessores, conseguira definir em qualquer consciência da condição do intelectual, seus deveres para com a arte e a humanidade, suas relações com a sociedade e o estado. A pressão dos novos convencionalismos políticos posteriores ao tratado de Versalhes, mesmo no edênico Brasil se manifestou. Os novos que vieram em seguida já não eram mais uns inconscientes e nem ainda abstencionistas. E tempo houve, até o momento em que o Estado se preocupou de exigir do intelectual a sua integração no corpo do regime, tempo houve em que, ao lado de movimentos mais sérios e honestos, o intelectual viveu de namorar com as novas ideologias do telégrafo. Foi a fase serenista dos simpatizantes.

Desse período curto mas suficientemente longo para afetar qualquer noção moral de inteligência, é que estamos sofrendo os efeitos. Favorecida pela ignorância e pelo despoliciamento cultural, a verdadeira tradição nova que a fase dos simpatizantes nos deixou, foi essa maldição que poderá se chamar de "imperativo econômico da inteligência"! Estarei por muito escuro e desconhecedor das realidades, afirmando ver a gorda maioria dos intelectuais de agora tomar esse imperativo econômico por sua norma de conduta e única lei?

O Estado proibira as serenatas com que o simpatizante acordava a sua vizinhança e lhe deixava na insônia o retrato das Rosinas adventícias. Mas a intelectualidade se ajeitou fácil. Tirou das terminologias em moda sua nova fantasia arlequinal de conformismo: esta dolorosa sujeição da inteligência a toda espécie de imperativos econômicos. A inconsciência de minha geração, se não a absolve, a fataliza — homem de um fim-de-século em que, meu Deus! no Brasil não repercutia nada! Mas para o intelectual de agora não é possível mais invocar o estado-de-graça da fatalidade. Pois então rebatizaram à maluca, lhe deram sexo mais dominador: são os Imperativos Econômicos que passam! E chuviscam agora esses cômodos voluntários dos abstencionismos e da complacência. Ia acrescentando "e da pouca vergonha" mas me refreei a tempo. Na verdade os homens de pouca vergonha aparecem em qualquer época, muito embora as condições sociais do intelectual contemporâneo e o adubo dos imperativos econômicos estejam se demonstrando muito favoráveis à proliferação de semelhantes cogumelos.

Com efeito: alguns, e serão por acaso os melhores?... desgostados da vida, malferidos em seu sentimento humano pelas guerras, se retiram para o seu rincão de ciência, pagam como é dever o imposto sobre a renda, apenas mui gratos se alguém lhes concede publicar algum documento precioso ou descobrir uma nova estrelinha do céu. Outros, menos abstencionistas e bem mais complacentes, gostam de pagar a quem lhes paga, trocando primogenitura e muitos elogios e escritos, pelos tomates de alguma situação vitaminosa. Não são bois alçados, como os primeiros, se preferem pingos ensinados.

Os terceiros, não existe vivente que se lhes compare no reino animal. Mudam de ideais a qualquer notícia, não resistem ao sopro de qualquer brisa. Mas que podem fazer se carecem de pão, se precisam pagar o médico da família? Pão e doença, filho gripado e mulher grávida, são hoje para a inteligência os mais fáceis avatares do cinismo moral. E um forte número desses pretensos intelectuais são verdadeiros vácuos de ignorância. Mas como se cultivar se lutam pela vida!... A luta pela vida não é mais, como no dicionário oitocentista, um propósito de trabalho e de vitória do mais forte: é a glorificação da incompetência. A tanto chega o predomínio das palavras sobre os homens... E se vê intelectuais, sem o menor respeito pelas glórias conquistadas, mudarem de diretrizes, da meia-noite para o meio-dia, servindo aos interesses mais torvos. No sentido da sua dignidade moral, a inteligência brasileira se transformou muito, passando da inconsciência social, para a consciência da sua condição. Mas não creio [que] tenha havido melhoras. Se do meu tempo o mais que se possa dizer é que foi amoral, hoje grassa na inteligência nova uma frequente imoralidade.

Se contemplamos a paisagem artística o que salta abundantemente aos olhos é a imperfeição do preparo técnico. O experimentalismo dos "modernistas" de minha geração já por vária parte se confundia com a ignorância e foi defesa de muitos. Mas ainda a maioria dos meus contemporâneos vinha de costumes mais enérgicos em que não se passava por decreto. E todos os que resistiram ou parecem resistir à filtragem dos anos foram técnicos honestos de suas artes.

Mas a esse experimentalismo artístico veio logo se ajuntando um perigo ainda mais confusionista e sentimentalmente glorioloso, a tese da "arte social". Amontados nesta minerva (minerva ou mercúrio?...) da fase dos simpatizantes, não houve mais ignorância nem diletantismo que não se desculpasse de sua miséria, como se a arte, por ser social, deixasse de ser simplesmente arte.

Foi bem fatigante a experiência que tive, fazendo da técnica o meu cavalo de batalha nas críticas literárias do *Diário de Notícias*. Não deixei de ser compreendido, o fui até muito bem pelos culposos, embora eles não pudessem atingir toda a extensão do meu pensamento. Muito poucos perceberam a lógica de quem, tendo combatido, não pela ausência, mas pela liberdade da técnica num tempo de estreito formalismo, agora combatia pela aquisição de uma consciência técnica no artista, ou simplismente [sic.] de uma consciência profissional, num período de liberalismo artístico, que nada mais está se tornando que cobertura da vadiagem e do apriorismo dos instintos.

Outro forte caso a lembrar seria o do surgimento de numerosa poesia católica que outra coisa não faz senão se comprazer do pecado, mas isto já me parece mais um efeito que causa. A causa é mais grave e mais tradicional também: esta absurda e permanente ausência de pensamento filosófico, de uma atitude filosófica da inteligência, entre os nossos intelectuais. Os cientistas se refugiam no laboratório ou na exposição sedentária das doutrinas alheias. Os artistas não têm onde se refugiar, mas se disfarçam com ingenuidade no padrão da arte social. Se acaso pretendemos saber o que os nossos intelectuais pensam dos problemas essenciais do ser, se fica atônito: não há o que respigar nas obras de quase todos e muito menos em suas atarantadas atitudes vitais. Não existe uma obra, em toda a ficção nacional, em que possamos seguir uma linha de pensamento, nem muito menos a evolução de um corpo orgânico de ideias. E por isso causou enorme malestar e logo travou-se em torno dele a conspiração do silêncio, mesmo dos que o deviam atacar, o aparecimento, a verdadeira aparição fantasmal de um Otávio de Faria que, certo ou errado, se apresentava romanceando sobre um núcleo de ideias organizadas em sistema. E é por esta falha várias vezes secular de espírito filosófico que são tão raros os "casos" na inteligência do Brasil, e ela se manifesta com vasta fraqueza de poder dramático e ausência quase total de concepção satírica. Ninguém castiga. Ninguém previne. Ninguém sofre.

Isto é, sofre sim! Me esquecia do sofrimento humano criado, ou pelo menos largamente desenvolvido na ficção contemporânea do Brasil, esse herói novo, esse protagonista sintomático de muitos dos nossos melhores novelistas atuais: o fracassado. De uns dez anos pra cá, sem a menor intenção de escola, de moda literária ou imitação, numerosos escritores nacionais se puseram cantando (é bem o termo!...) o tipo do fracassado.

Observo mais uma vez não estar esquecido de que pra [sic.] se dar entrecho, há sempre um qualquer fracasso a descrever, um amor, uma terra, uma luta social, um ser que faliu. Um Dom Quixote fracassa, como fracassam Otelo e Madame Bovary. Mas estes, como quase todos os heróis da arte, são seres dotados de ideais, de ambições enormes, de forças morais, intelectuais, físicas, representam tendências generosas ou perversivas. São enfim seres capazes de se impor, conquistar suas pretensões, vencer na vida, mas que no embate contra forças maiores são dominados e fracassam. Mas em nossa literatura de ficção, romance ou conto, o que está aparecendo com abundância não é este fracasso derivado de duas forças em luta, mas a descrição do ser sem força nenhuma, do indivíduo desfibrado, incompetente pra viver, e que não consegue opor elemento pessoal nenhum, nenhum trago de caráter, nenhum músculo como nenhum ideal, contra a vida ambiente. Antes, se entrega à sua conformista insolubilidade. Quando, ao denunciar este fenômeno, me servi quase destas mesmas palavras, julguei lhe descobrir algumas raízes tradicionais. Hoje estou convencido de que me enganei. O fenômeno não tem raízes que não sejam contemporâneas e não prolonga qualquer espécie de tradição.

Talvez esteja no Carlos do *Ciclo da Cana de Açúcar* a primeira amostra bem típica deste fracassado nacional. Nos lembremos ainda do triste personagem de *Angústia*... Já numa crônica a respeito, pude enumerar mais um herói de Cordeiro de Andrade, nada menos que seis outros num romance de Cecílio Carneiro; e além destes fracassados cultos, outro, caipira, do escritor Leão Machado, e um nordestino do povo, figura central do *Mundo Perdido* de Fran Martins. Poucos tempos depois topava outra vez com o homem nos *Fragmentos de um Caderno de Memórias*, do contista mineiro Francisco Inácio Peixoto. Logo após vinha o Eduardo, de Menotti del Picchia, e alguns dos personagens de *Saga*. Em seguida era o fazendeiro, de Luís Martins. E com os últimos meses, posso acrescentar mais três retratos ilustres a esta galeria pestilenta: um, impressionantemente exato, descrito por Osvaldo Alves na maior estréia de 1940, *Um Homem fora do Mundo*; e os dois principais "inocentes" de Gilberto Amado, num livro bem irregular mas de grave importância: o Emílio e essa estranha criação, figura realmente apaixonante em seu mistério. Faial, o moço que dotado de todas as forças a tudo renuncia da vida existente e foge, [a fim de] criar o seu imaginário mundo num sertão fora do mundo.

Não é possível aceitar esta frequência de um tipo moral, em nossa ficção viva, sem lhe reconhecer uma causa. E fui grosseiro no enumerar apenas os retratos mais francos do protótipo. Com alguma sutileza, era ainda possível recensear mais delicadas modalidades dele nas obras de outros importantes escritores nacionais. Os que indiquei me bastam para afirmar que existe em nossa intelectualidade contemporânea a preconsciência, a intuição insuspeita de algum crime, de alguma falha enorme, pois que tanto assim ela se agrada de um herói que só tem como elemento de atração, a total fragilidade, e frouxo conformismo. E se o Carlos, de Lins do Rego, é o mais emocionalmente fraco, se o Cristiano, de Osvaldo Alves, o mais irrespiravelmente irresoluto: eu creio que o Faial, como Gilberto Amado o propôs nas análises que fez da sua criatura, é o que mais convida a pensar, forte, belo, dominador, com todas as probabilidades de vitória, mas que se anula numa conformista desistência e vai-se embora. Vai se embora pra Pasárgada?...

Porque os poetas, por isso mesmo que mais escravos da sensibilidade e libertos do raciocínio, ainda são mais adivinhões que os prosistas. Já em 1930, a respeito do *Vou-me embora pra Pasárgada* de Manuel Bandeira, pretendi mostrar que esse mesmo tema da desistência estava frequentando numerosamente a poesia moderna do Brasil. Se o complexo de inferioridade sempre foi uma das grandes falhas da inteligência nacional, não sei se as angústias dos tempos de agora e suas ferozes mudanças vieram segredar ouvidos passivos dessa mania de inferioridade o convite desistência e a noção do fracasso total. E não é difícil imaginar a que desastrosíssima incapacidade do ser poderá nos levar tal estado-de-consciência. Toda esta literatura dissolvente será por acaso um sintoma de que o homem brasileiro está às portas de desistir de si mesmo?

Eu sei que há diferenças e melhoras na inteligência nova do meu país, mas não consigo percebê-la mais enérgica nem muito menos dotada de maior virtude. Nós, modernistas de minha geração, sacrificávamos conscientemente, pelo menos alguns, a possível beleza das nossas artes, em proveito de interesses utilitários. A arte se empobrecia de realidades estéticas, dissolvida em pesquisas rítmicas, auscultações do subconsciente, adaptações nacionais de linguagem, de música, de cores e formas plásticas, de crítica — tudo eram interesses que deformavam a isenção e o equilíbrio de qualquer mensagem. Então fomos descobrir, mais nas revistas de combate que nos livros de filosofia, a palavra salvadora (sempre o perigo das lustrosas palavras...) que acalmava as nossas ambições estéticas maltratadas: pragmatismo. Aquilo, gente, eram pragmatismos também! Eram as necessidades da hora, as verdades utilitárias por que nos sacrificávamos, tão mártires como os que se iam cristianizando chineses.

O mal não era assim tamanho pois que a nossa consciência permanecia eminentemente estética, mas a desgraça é que a palavra deslumbrou. E deslumbrou demais numa terra e coletividade pouco afeita a estudos conscienciosos e que, se libertando aos poucos de suas tradições religiosas, não se preocupava de preencher o vazio ficado com uma qualquer outra conceituação moral da inteligência. Só é verdade o que é útil, e toca o zabumba ensurdecedor dos pragmatismos. Pragmatismo ou displicência nova? E o intelectual se passa de galho em galho, de árvore em árvore, na estilização mais nacionalista possível da dança do tangará. Isso: uma intelectualidade coreográfica, inspirada na quadrilha dos "imperativos econômicos", onde só se executa, com desilusória monotonia, o passo do *changez de places* e o *tour au vi-à-vis* [sic.].

A minha pífia geração era afinal das contas o quinto ato conclusivo de um mundo, e representava bastante bem a sua época dissolvida nas garoas de um impressionismo que alagava as morais como as políticas. Uma geração de degeneração aristocrática, amoral, gozada, e, apesar da revolução modernista, não muito distante das gerações de que ela era o "sorriso" final. E teve sempre o mérito de proclamar a chegada de um mundo novo, fazendo o modernismo e em grande parte 1930. Ao passo que as gerações seguintes, já um outro e mais blindado realismo, nada têm de gozadas, são alevantadas mesmo, e já buscam o seu prazer no estudo e na discussão dos problemas humanos e não... no prazer. Mas não parecem aguentar o tranco da sua diferença. A severidade dos costumes, a rusticidade dos amores e tendências, o número pequeno de preceitos-tabus, próprios das civilizações em começo, e de que são exemplos próximos, o início da civilização norteamericana, e em nossos dias a Rússia e a Alemanha, nada disto se percebe em nossa geração atual. Antes, por muitas partes, ela continua a devassidão genérica do meu tempo. Nós, enfim, éramos bem dignos da nossa época. Ao passo que vai nos substituindo uma geração bem inferior ao momento que ela está vivendo.

Talvez seja necessário que as inteligências moças mais capazes se esqueçam por completo das elásticas verdades transitórias e revalorizem o ideal da verdade absoluta. Não será este o mais patriótico... pragmatismo nacional? É possível acreditar sem fé. Acreditar é muitas vezes um ato de caridade. E se o homem não pode viver sem seus mitos, imagino que seria sublime os mais capazes, mesmo sem fé, se porem na religião da uma-só verdade. Fazerem da verdade absoluta o seu mito e o seu estágio de purificação. Ou de superação. Não convém à inteligência brasileira se satisfazer tão cedo de suas conquistas. A satisfação, como a felicidade, é um empobrecimento. E a palavra de Goethe não deverá jamais ser esquecida: superar-se.

Imagino que uma verdadeira consciência técnica profissional poderá fazer com que nos condicionemos ao nosso tempo e os superemos, o desbastando de suas fugaces aparências, em vez de a elas nos escravizarmos. Nem penso numa qualquer tecnocracia, antes, confio é na potência moralizadora da técnica. E salvadora... Essa mesma técnica que se salvou Sócrates e Rikiú pela morte, salvou Fídias, salvou o Bach da *Missa em Si Menor*, salvou os medievais, os egípcios e tantos outros, dentro da mesma vida. O intelectual não pode mais ser um abstencionista.; e não é o abstencionismo que proclamo, nem mesmo quando aspiro ao revigoramento novo do "mito" da verdade absoluta. Mas se o intelectual for um verdadeiro técnico da sua inteligência, ele não será jamais um conformista. Simplesmente porque então a sua verdade pessoal será irreprimível. Ele não terá nem mesmo esse conformismo "de partido", tão propagado em nossos dias. E se o aceita, deixa imediatamente de ser um intelectual, para se transformar num político de ação. Ora, como atividade, o intelectual, por definição, não é um ser político. Ele é mesmo, por excelência, o *out-law*, e tira talvez a sua maior força fecundante justo dessa imposição irremediável da "sua" verdade.

Será preciso ter sempre em conta que não entendo por técnica do intelectual simploriamente o artesanato de colocar bem as palavras em juízos perfeitos. Participa da técnica, tal como eu a entendo, dilatando agora para o intelectual o que disse noutro lugar exclusivamente para o artista, não somente o artesanato e as técnicas tradicionais adquiridas pelo estudo, mas ainda a técnica pessoal, o processo de realização do indivíduo, a verdade do ser, nascida sempre da sua moralidade profissional. Não tanto o seu assunto, mas a maneira de realizar o seu assunto. Que os assuntos são gerais e eternos, e entre eles está o deus como o herói e os feitos. Mas a superação que pertence à técnica do artista como do intelectual, é o seu pensamento inconformável aos imperativos exteriores. Esta a sua verdade absoluta.

E junto desta técnica intelectual, talvez devêssemos obedecer mais à sensibilidade... Uma circunstância incontestável da vida é que, premidos por ela, nós exercitamos quotidianamente a nossa inteligência, não pra elevarmos a vida às suas alturas filosóficas, a uma qualquer interpretação dela, mas pra justificarmos os nossos próprios atos. A diferença quotidiana entre o exercício da inteligência e o da sensibilidade, é que esta se quotidianiza, vira costume, se esquece de si, se esquece do amor, dos sentimentos, ao passo que a inteligência jamais esquece de se exercer, na justificação malabarística dos nossos quotidianos descaminhos. O sentimento, em nós, vira "costume", e é por causa deste enfraquecimento da sensibilidade que se criou o dia ritual do aniversário, em que nos relembramos, no ar de festa, que o amor existe e o sentimento existe. E então nesse dia, não é só o *te-deum* e a seda que o homem oferece aos seus amores divinos e profanos, mas uma aproximação mais grave e mais sentida. Imagino que será de muito benefício para o intelectual brasileiro, especialmente nos momentos decis 6 rios de atitudes vitais, ele auscultar mais vezes a sua sensibilidade. Desde que, entenda-se bem, não continuem esse conselho da sensibilidade, considerações justificadeiras da inteligência quotidiana e seus imperativos. Neste sentido, é possível afirmar que, pelo menos em períodos tão precários de integridade humana como o que atravessamos, a sensibilidade é que é insensível, metalicamente ditatorial em seus mandos, ao passo que a inteligência é a mais enceguecedora das paixões. Porque mais pervertida e mais fácil de se perverter a si mesma.

Não tive a maior pretensão de dar, nestas linhas, um remédio às angústias novas da inteligência brasileira contemporânea. Lembrei apenas alguns motivos de pensamento e análise que talvez a possam levar a maior dignidade. Há vinte anos atrás, se me perguntassem o que valia mais, se o autor, se a ideia, eu responderia sem hesitar que o autor. Agora já não sei mais, vivo incerto. O homem é coisa sublime, porém se as ideias prevalecessem sobre os homens, já de muito que a paz teria pousado sobre a terra. E ando saudoso da paz.

TORIA

A ARTE INTERESSADA
(ENTREVISTA À DIRETRIZES, 1944)

Figura sempre presente nos acontecimentos literários dos últimos vinte anos, Mário de Andrade, o admirável escritor de *Macunaíma* teve o seu nome bastante projetado, ultimamente, quando a publicação do seu prefácio ao livro de Otávio de Freitas Junior – uma forte e sincera página de profissão de fé democrática, repleta de confissões e afirmações das mais corajosas já manifestadas, de público, pelos intelectuais brasileiros do momento.

Procurado por *Diretrizes*, em São Paulo, Mário de Andrade, na entrevista que publicamos aqui, volta a reafirmar os seus pontos de vista, condenando abertamente todos os artistas e intelectuais que, de várias maneiras, vêm colaborando com os fascistas ou para-fascistas, estes últimos denunciados, recentemente, num discurso de Gilberto Freyre.

Pela sinceridade de suas afirmações, pela gravidade das acusações que faz o escritor paulista, esta entrevista de Mário de Andrade está, fatalmente, fadada a maior repercussão nacional. Em resumo, é um tremendo libelo contra a "grande parte da inteligência brasileira que se vendeu aos donos da vida".

No prefácio do livro de Otávio de Freitas Junior, Mário de Andrade escreveu umas coisas muito sérias num tom quase patético. Coisas que precisam ser repisadas. "Eu afirmo" (estou citando o grande escritor paulista) "que a mocidade de hoje está de posse duma verdade. Nós todos, mas todos, intelectuais e dirigentes, sabemos que a mocidade que conta agora de vinte a trinta anos, está de posse de uma só verdade. Os que dentre esses moços desconhecem essa verdade, é porque fingem desconhecê-la. E há também muitos os... os outros. São os sujos, que se venderam, colocando-se da banda da contra-verdade. Porém eles mesmos, eles tanto como os dignos, gritam pelos olhos, pelas mãos, pelos poros, a existência dessa verdade. E os moços estão querendo exclamar a verdade que vai chegar, mas não podem. A mocidade está engasgada e regouga surdamente. Mas não é por ignorância, por inadvertência ou displicência que a mocidade engasgou. A mocidade não se engasgou. Engasgaram a mocidade". Tudo isso, vamos e venhamos, é grave, muito grave mesmo. As palavras são exatas, espantosamente exatas. A mocidade quer falar e não pode. Tem um osso na garganta. E é por isso que Mário de Andrade empregou tão bem o feio e desusado verbo "regougar". Só um verbo desses para definir o estado de espírito da mocidade. Da mocidade só? Não. De jovens, maduros e velhos. Todos "regougam". Não há nada a fazer senão "regougar". Oh, como é bom "regougar"! No setor literário, acontece também uma outra coisa, igualmente espantosa. Os que não "regougam", xingam-se entre si, gastam energia bobamente. E é com infinita tristeza que a gente vê o nome limpo de um grande poeta agredido numa discussão estéril e besta, que faz lembrar a famosa "guerra do alecrim e da manjerona". Calma, minha gente. Pra que discutir futebol e cinema silencioso, num momento destes? Essas discussõezinhas só têm servido para aumentar a confusão, que nos levou a conjugar, com um jeito esquisito e às vezes tragicômico, o infame verbo "regougar". "Regouguemos", pois, com decência.

Encompridei esta introdução para avisar que tomei uma entrevista com Mário de Andrade, que nada tem a ver com as guerrinhas literárias que se travam presentemente entre os "inocentes" de diversas praias cariocas. A coincidência com pessoas e fatos conhecidos é puramente ocasional e inevitável. Por isso mesmo, quero deixar bem claro que procurei o autor de *Macunaíma* sem segundas intenções. As palavras de Mário de Andrade são duras, vão doer em muita gente. Paciência. São palavras que precisavam ser ouvidas. Esta entrevista é bem uma definição de atitude do artista em face da guerra, uma espécie de Código de Ética. Poucos como o grande poeta e crítico de São Paulo estariam mais indicados para a tarefa difícil, que transformei no tema central desta reportagem. A vida literária de Mário de Andrade tem sido um lutar constante. Os artigos de crítica e polêmica que escreveu em jornais e revistas dariam para mais de seis volumes, os mais importantes deles serão publicados em livros, na edição das *Obras Completas* de Mário de Andrade, iniciativa da Livraria Martins.

Não foi sem razão que o chamaram de "papa do modernismo". Concordo que o apelido é bombástico mas não há dúvida que indica o papel do escritor: a sua linha de conduta, a sua ação prodigiosa, a sua fé na literatura, o seu valor moral. Por todos esses motivos, Mário deve ser considerado a figura mais importante dentre os agitadores do movimento. Mas não é só por isto. Hoje, decorridos mais de vinte anos depois da celebérrima Semana de Arte Moderna, vemos que foi a sua obra que encontrou maiores ressonâncias na turma da geração mais nova, justamente os que estão agora entre os vinte e os trinta anos, os tais da "mocidade engasgada". Creio que dizendo isto explico suficientemente o porquê desta entrevista, que julgo muito oportuna. Das mais oportunas que se poderiam fazer, neste momento.

A condição de "papa" (desculpe, Mário) não dá imunidades a ninguém. Mário de Andrade não vive num altar, permanentemente endeusado pelos moços. Não vive trancado em nenhuma redoma. O escritor age, está agindo. Jamais se recusa aos novos. A sua palavra é sempre ouvida com respeito, porque parte dele. Assim foi com os rapazes da revista *Clima*, cujo artigo de apresentação, escrito por Mário de Andrade, encerra um grande sentido político e humano. Chama-se *"A elegia de abril"*. Parece o título de um poema. Esse artigo é um apelo à responsabilidade. O escritor não acredita nos homens da sua geração, põe fé nos moços. Penitencia-se. Talvez por julgar ter realizado muito pouco é que confia tanto nos moços. Ah, os moços engasgados, que "regougam". No entanto, Mário de Andrade já fez muito. É imensa a significação da sua obra literária, abrindo caminhos na poesia, no conto, no romance, na crítica, no folclore, na música. Principalmente nas questões do estilo e da forma de expressão literária, quero dizer na técnica de escrever. Mário de Andrade é bem um mestre das novas gerações. Mas afinal esta introdução está tornando longa demais. E a entrevista? Vamos a ela.

A ENTREVISTA

Embora com os sinais de longa enfermidade ainda muito visível no rosto pálido, Mário de Andrade me pareceu remoçado quando uma dessas manhãs o procurei na sua casa da rua Lopes Chaves, no bairro da Barra Funda, em São Paulo. É uma casa simples, sem luxo. Mas está cheia de quadros, de livros, de músicas. Lhote, Picasso, Portinari, Segall. Sem falar na coleção de desenhos e gravuras, que sobem a oitocentos mais ou menos. E os livros? Há de tudo. A parte principal é sobre arte e literatura. As músicas estão embaixo, numa sala pequena, que tem o retrato de Beethoven. Sei que existem para mais de vinte mil peças, todas devidamente catalogadas na biblioteca de Mário de Andrade. O escritor me recebe, a princípio, numa sala do andar superior, onde vi, pela primeira vez, os quadros de Anita Malfatti: "O homem amarelo" e "A estudante russa", que tanta celeuma provocaram nos áureos tempos do modernismo. A exposição de

Anita Malfatti, considerada como o início do movimento, foi um escândalo. Monteiro Lobato escreveu um artigo violento, erradíssimo, contra a pintura. Olho bem "O homem amarelo". Por mais que procure, não encontro nada demais. Sem ser acadêmico, é um quadro normal. Por que teria despertado um tamanho furor em Monteiro Lobato? Aí que está uma coisa que não compreendo.

– Você acha normal, não é? Isso quer dizer que não fizemos o modernismo em vão. Para a época, "O homem amarelo" era uma coisa louca. Poucos compreenderam, quase ninguém aceitava. Anita é uma pioneira.

A entrevista começa assim por um desvio. Encontro o escrito mais loquaz do que nunca, satisfeitíssimo com a marcha da moléstia (úlcera no duodeno, para quem quiser saber). Durante os dias que esteve de cama, um mês precisamente, Mário de Andrade não interrompeu a sua atividade jornalística, escrevendo todas as quintas-feiras um longo artigo sobre música para a *Folha da Manhã*, de São Paulo. Agora escreverá com regularidade também no *Correio da Manhã*. Mostra-me o seu primeiro artigo, publicado no jornal carioca. É sobre Shostacovitch, o músico soviético, autor de uma sinfonia celebrando o heroísmo dos defensores de Leningrado e do Hino às Nações Unidas, composição mais recente, da qual ainda não tinha ouvido falar.

– No artigo sobre Shostacovitch, volto a tocar num velho refrão meu: a arte interessada. Acho que o artista, mesmo que queira, jamais deverá fazer uma arte desinteressada. O artista pode pensar que não serve a ninguém, que só serve à Arte, digamos assim. Aí está o erro, a ilusão. No fundo, o artista está sendo um instrumento nas mãos dos poderosos. O pior é que o artista honesto, na sua ilusão da arte livre, não se dá conta de que está servindo de instrumento, muitas vezes para coisas terríveis. É o caso dos escritores apolíticos, que são servos inconscientes do fascismo, do capitalismo, do quinta-colunismo.

Mário de Andrade fala explicado, como bom paulista.

RESPONSABILIDADE

A conversa cai na controvérsia "arte pura" e "arte interessada". Mário de Andrade diz o que pensa a respeito:

– Até o século XVIII, o intelectual era um empregado dos príncipes. Vivia, portanto, preso aos seus Mecenas. Ele era pago para louvar. Com o século XIX, veio a arte livre. O intelectual se libertou. E com a liberdade se desmandou. Tornou-se um irresponsável. Foi o seu grande erro. Liberdade não quer dizer irresponsabilidade. Isso porque entre o escritor e o público há uma relação, um compromisso. É o público, ou melhor: a sociedade, quem protege o escritor, quem lhe dá tudo, inclusive dinheiro, até o aplauso, duas coisas indispensáveis para a vida de qualquer um. Por conseguinte, também do artista. Porque eu estou me referindo a todo artista de modo geral. Não só aos escritores, prosadores e poetas, ficcionistas ou não. Mas também aos pintores, escultores, arquitetos, músicos. Todos eles, todos nós, somos responsáveis. Perante o público, perante a sociedade. O escritor então é responsável até pela grafia das palavras, quanto mais pelo que transmite por elas. Se a sociedade está em perigo, conclui-se que o escritor tem a obrigação indeclinável de defendê-la. Infelizmente, não são muitos os que entre nós se capacitaram disso. Uns por não possuírem consciência profissional. Outros por não possuírem consciência de espécie alguma. Não há por onde fugir. Ninguém pode cruzar os braços, ficar acima das competições sociais. É assim com a guerra, na luta das democracias contra os fascismos de todas as categorias. A guerra não é um teatro, que a gente possa assistir comodamente, como se estivesse sentado num camarote. Todos participam da luta, mesmo contra a vontade. Queiram ou não queiram. E se é assim o escritor tem de servir fatalmente: ou a um ao a outro lado. Os intelectuais brasileiros, que continuam colaborando em jornais fascistas, precisam se convencer de que estão errados. Não é só escrever para ganhar 200 cruzeiros por um artiguete e blazonar depois que continuam livres. Não continuam, esta é a verdade. Podem ser livres no primeiro, no segundo artigo. Aos poucos mil cordões invisíveis vão enleando o pobre até que um dia ele se verá perdido. É triste de dizer. Mas é este o caso da maioria dos escritores brasileiros, que colaboram nos jornais fascistas. Muitos desses escritores, bem sei, não são fascistas. Acabarão sendo. Pelo menos eles já estão servindo ao fascismo.

– Mas você, também, Mário, colabora na revista *Atlântico*.

– É verdade. Publiquei um artigo em *Atlântico*. Confesso que estou arrependidíssimo. Quando me dei conta do erro que estava cometendo já era tarde. Reconheço que errei. Dou minha palavra de honra que jamais cairei noutra.

EXPERIÊNCIAS

O assunto continua o mesmo.

– Já vê que falo por experiência própria. Mas quero mostrar que tenho sido coerente. Não faço arte pura. Nunca fiz. Neste particular, sinto estar em desacordo com amigos e camaradas queridos, amigos e camaradas que tenho na conta de mestres. Sempre fui contra a arte desinteressada. Para mim, a arte tem de servir. Posso dizer que desde o meu primeiro livro faço arte interessada. Naquele tempo, em 1917, se quisesse poderia ter arranjado um livro de versos menos ruim para aparecer em público. Tinha cadernos e mais cadernos cheios de sonetos e poesias, que reputava melhores que os de *Há uma gota de sangue em cada poema*. Mas não. Senti que precisava publicar o meu livrinho de poemas pacifistas, escritos sob as emoções da guerra de 1914. Eles pareceram mais úteis que os sonetos e as poesias rimadas.

Lembro que o livro de estreia de Mário de Andrade traz o pseudônimo de Mário Sobral. Por que o pseudônimo?

– Por timidez – retruca o poeta mais que depressa. Todo mundo que me conhece sabe que eu sou um tímido. Os meus estouros não provam nenhuma coragem. São produtos da minha vida introspectiva. Vou me enchendo, enchendo. De repente, estouro.

E é assim que ele me faz uma confissão interessante:

– É bem possível que eu nunca tivesse publicado uma só linha se não tivesse a certeza de que a minha literatura poderia ser útil. Não pretendia, de fato, publicar nenhum poema de *Pauliceia desvairada*. Até que um dia percebi que as minhas poesias tinham capacidade para irritar a burguesia. Foi o bastante. Pelo resto de minha carreira literária, observei a mesma linha de conduta. Só publico o que pode servir. Todas as minhas obras têm uma intenção utilitária qualquer. As coisas de pura preocupação estética que fiz durante algum tempo, eu destruí. Só me interessavam a mim, como aquisição de técnica pessoal

E Mário de Andrade repete:

– A arte tem de servir. Venho dizendo isso há muitos anos. É certo que tenho cometido muitos erros na minha vida. Mas com a minha "arte interessada", eu sei que não errei. Sempre considerei o problema máximo dos intelectuais brasileiros a procura de um instrumento de trabalho que os aproximasse do povo. Esta noção proletária da arte, da qual nunca me afastei, foi que me levou, desde o início, às pesquisas de uma maneira de exprimir-me em brasileiro. Às vezes com sacrifício da própria obra de arte. Cito, para esclarecer, o meu romance *Amar, verbo intransitivo*. Não fosse a minha vontade deliberada de escrever brasileiro, imagino que teria feito um romance melhor. O assunto era bem bonzinho. O assunto porém me interessava menos que a língua, nesse livro. Outro exemplo é *Macunaíma*. Quis escrever um livro em todos os linguajares regionais do Brasil. O resultado foi que, como já disseram, me fiz incompreensível até para os brasileiros. Bem sei que minha literatura tem muito de experimental. Que me importa. Disso não me arrependo.

CONSCIÊNCIA

Para Mário de Andrade, o que importa mais que tudo é agir. Daí a sua admiração por um Valentim Magalhães, literato medíocre, mas ativo.

– Valentim Magalhães fez o diabo. Meteu-se em tudo quanto foi movimento literário, disse-me ele.

Mas o caso do poeta de *Remate de males* é muito diferente. Valentim Magalhães talvez agisse apenas em função do seu temperamento buliçoso. Mário, ao contrário, sempre agiu conscientemente. Bem que pode falar assim, quando mais uma vez se refere ao modernismo:

– Eu bem sabia que não bastava ser espontâneo. Era preciso ter consciência profissional, também. Quando empregava o "me" começando as frases, não era só pelo gosto de escrever diferente. Eu sabia o que estava fazendo. Para isso, estudei. Procurei honestamente uma maneira de escrever em brasileiro. Acho que encontrei este meio. Pelo menos, ajudei a abrir o caminho.

– Você anunciou, uma vez, a *Gramatiquinha da língua brasileira*. Por que não publicou nunca esse livro?

– Da língua, não. Da fala brasileira. Não tinha a pretensão de criar uma língua brasileira. Nenhum escritor criou língua nenhuma. Anunciei o livro, é verdade, mas nunca o escrevi. Anunciava o livro por me parecer necessário ao movimento moderno. Para dar mais importância às coisas que queríamos defender. É ainda muito cedo para escrever-se uma *Gramática da língua brasileira*. Eu queria prevenir contra os abusos do escrever errado. Estávamos caindo no excesso contrário, como muito bem observou um dos redatores de *Estética*, não me lembro se Sérgio Buarque de Holanda ou Prudente de Morais Neto. Estávamos criando o "erro brasileiro". Quando falo em escrever certo, estendo a questão até o problema ortográfico. Considero um problema de ordem moral. É mais uma responsabilidade que se acrescenta ao ofício de escrever. Não me interessa discutir se esta ou aquela é a ortografia que presta ou não. O essencial é termos uma ortografia. Que se mande escrever "cavalo" com três eles, isso não tem importância. Precisamos é de acabar com a bagunça. Não há coisa mais irritantemente falsa do que a ortografia inglesa, por exemplo. Não compreendo porque a palavra *"right"* se escreve com "g-h-t". No entanto assim é que está certo. Escrever de outra forma na Inglaterra ou nos Estados Unidos é diploma de ignorância. Aqui, não. Todo mundo escreve como bem entende. O Estado da Bahia tem "h". A baía de Guanabara não tem. Acredito que a questão ortográfica tem contribuído muitíssimo para a desordem mental no Brasil. E de certa forma tem impedido a muito escritor de formar uma verdadeira consciência profissional.

PARALELO

Voltamos novamente a falar sobre "arte interessada". Quero saber que relações existem entre "arte interessada" e liberdade de pensar e de escrever, no entender de Mário de Andrade. Aí o escritor não quis mais conversar. Preferiu escrever a resposta. No dia seguinte, fui buscá-la. É a seguinte:

– O assunto é tão grave e de tamanha complexidade que eu seria leviano pretendendo sintetizar tudo isso no limite duma entrevista. É meio desagradável a gente parecer que está fazendo propaganda de suas próprias obras, mas a resposta a certos aspectos da sua pergunta está implicada em alguns dos meus ensaios, ajuntados no *Baile das quatro artes* e nos *Aspectos da literatura brasileira*. Qualquer análise psicológica, mesmo leve, da manifestação artística, nos convence de que a arte é sempre interessada, e que toda obra de arte é, em última análise, "obra de circunstância", isto é, nascida duma circunstância ocasional, social ou individualista, a que o artista atribui o seu interesse. Neste sentido, não é a arte que se modifica, mas a qualidade do interesse que leva o artista a artefazer. É quase exclusivamente na civilização cristã que a inflação do individualismo permitiu essa perniciosa vacilação de qualidade no interesse que, de social que sempre foi, passou muitas vezes a confidencial e individualista. Quanto ao mais, ensaios como a "*Elegia de abril*" e "*O movimento modernista*" provam que não sou nenhum místico da liberdade pensamento, mas estou convencido que noções como essa ou como democracia implicam um certo número de princípios sem os quais elas deixam de existir. Não é possível a gente imaginar democracia sem opinião pública, assim como não é possível liberdade de pensamento sem aquisição duma técnica de pensar, coisa muito menos frequente do que se pode supor.

E explicando melhor o que ficou dito atrás:

– E de fato quando eu considero que uma grande parte da inteligência brasileira vendeu-se aos donos da vida, estou longe de afirmar que ela se rebaixou ao ponto de assinar uma transação com contratos legalizados em cartório. Mas por não possuir uma legítima técnica de pensar, essa intelectualidade se entrega facilmente a sofismas e confusionismos de mil e uma espécies, de que é malignamente a maior essa tal de "arte pura". Veja bem: não nego a possibilidade nem o valor do que chamamos "arte pura", estou dizendo é que o intelectual se utiliza dela para se salvaguardar e se livrar de seus deveres morais não só de homem, mas de artista. E o intelectual se retrai na sua pseudopureza do seu pensamento – pensamento!... – enquanto a vida se torna cada vez mais infame lá fora, e o homem enquanto mais escravo. Mas o intelectual imagina que ele (veja bem: só ele!) não é escravo, pois que o seu pensamento, a sua arte é livre! Pois ele não pode compor uma sinfonia "arte pura", um soneto sobre o amor ou sobre coisa nenhuma, um quadro com peixe e margaridinhas? Pode sim. "Minha arte é livre"! E o intelectual sofisma que tem liberdade de pensamento, simplesmente porque não tem técnica de pensar suficiente que lhe dê coragem pra levar o seu pensamento até o fim. Porque na verdade a pseudo-liberdade dele consistiu em sequestrar das suas manifestações intelectuais todos aqueles assuntos momentosos, cuja qualidade de interesse era social, que o haviam de deixar desagradável com o chefe da repartição em que trabalha, o diretor do jornal em que escreve, e mesmo lhe trariam complicações com as gestapos.

PARTICIPAÇÃO

Ainda em resposta à mesma pergunta, continua Mário de Andrade:

– Porém, o intelectual não fica só nisso não. A sua escravização aos donos da vida ainda é mais confusionista e mais indecente. Ele também "participa". Pois ele já não afirmou, num artigo, que era antinazista? Pois outro dia ele já não aplaudiu todo o mundo porque o Brasil entrou na guerra? Ele já não pagou o imposto de tal? Ele já não achou, naquela conversa de bar, que devemos nos precaver contra os possíveis futuros imperialismos das grandes democracias? Tudo isso ele já fez, o herói! E o intelectual descansa, imaginando que o seu dever está cumprido, apenas porque ele cumpriu metade (a metade mais fácil) da sua responsabilidade: a responsabilidade para consigo mesmo. Mas a sua responsabilidade para com o seu público, essa ele não cumpriu nem cumprirá. Porque está é que é difícil, esta é que impõe mil sacrifícios (de que não é o menos doloroso, reconheço, o sacrifício da sua própria arte), esta responsabilidade é que impõe o exercício do seu não-conformismo. Porque o não-conformismo do intelectual não está apenas em gritar e assinar: "Sou antinazista!", "Sou pela democracia!", sou isto ou aquilo. Isto quando muito é ser tagarela. O não conformismo implica não apenas a reação, mas a ação. E é nesta ação que está a responsabilidade pública do intelectual. A arte é exatamente como a cátedra, uma forma de ensinar, uma proposição de verdades, o anseio agente de uma vida melhor. O artista pode não ser político enquanto homem, mas a obra de arte é sempre política enquanto ensinamento e lição; e quando não serve a uma ideologia serve a outra, quando não serve a um partido serve ao seu contrário.

O escritor particulariza ainda mais o seu ponto de vista:

– Basta de falar em "tese", meu amigo. Demos de barato que a arte é desinteressada, que o artista é normalmente um ser à parte, um indivíduo que pela natureza do seu "status" pode não ser participante, pode ser um *clerc*. Se alguém quiser, eu lhe concedo tudo isto. Mas "normalmente", entenda-se. Eu aceito que um intelectual se isente da guerra franco-prussiana, da guerra russo-japonesa, e até, mais dificilmente já, da guerra do Transval ou da sino-japonesa. Eu aceito que um intelectual brasileiro hesite em tomar partido diante de Palmares. Admito, compreendo, aprovo e aplaudo a sua não-participação direta nas revoluções como as de 1924, 1930 e ainda mais 1932. Mas se estas guerras e revoluções poderão estar dentro das condições normais de organização social de uma civilização determinada, o mesmo não se dá em certas condições absolutamente anormais da vida, em que é a essência mesma duma civilização que periclita, como na luta entre cristãos e mouros, ou periclita a natureza mesmo do homem, como na atual luta contra o nazismo.

Deixa, por fim, bem claro onde quer chegar:

– Em momentos como estes não é possível dúvida: o problema do homem se torna tão decisivo que não existe mais o problema do artista. Não existe mais o problema profissional. O artista não só deve, mas tem que desistir de si mesmo. Diante duma situação universal de humanidade como a que atravessamos, os problemas profissionais dos indivíduos se tornam tão reles que causam nojo. E o artista que no momento de agora sobrepõe os seus problemas de intelectual aos seus problemas de homem, está se salvaguardando numa confusão que não o nobilita.

Diretrizes, 6 de janeiro de 1944

MEDITAÇÃO SOBRE O TIETÊ

Água do meu Tietê,
Onde me queres levar?
– Rio que entras pela terra
E que me afastas do mar...

É noite. E tudo é noite. Debaixo do arco admirável

Da Ponte das Bandeiras o rio Murmura num banzeiro de água
pesada e oliosa.

É noite e tudo é noite. Uma ronda de sombras,

Soturnas sombras, enchem de noite tão vasta.

O peito do rio, que é como se a noite fosse água,

Água noturna, noite líquida, afogando de apreensões

As altas torres do meu coração exausto. De repente

O ólio das águas recolhe em cheio luzes trêmulas,

É um susto. E num momento o rio

Esplende em luzes inumeráveis, lares, palácios e ruas,

Ruas, ruas, por onde os dinossauros caxingam

Agora, arranha-céus valentes donde saltam

Os bichos blau e os punidores gatos verdes,

Em cânticos, em prazeres, em trabalhos e fábricas,

Luzes e glória. É a cidade... É a emaranhada forma

Humana corrupta da vida que muge e se aplaude.

E se aclama e se falsifica e se esconde. E deslumbra.

Mas é um momento só. Logo o rio escurece de novo,

Está negro. As águas oliosas e pesadas se aplacam

Num gemido. Flor. Tristeza que timbra um caminho de morte.

É noite. E tudo é noite. E o meu coração devastado

É um rumor de germes insalubres pela noite insone e humana.

Meu rio, meu Tietê, onde me levas?

Sarcástico rio que contradizes o curso das águas

E te afastas do mar e te adentras na terra dos homens,

Onde me queres levar?...

Por que me proíbes assim praias e mar, por que

Me impedes a fama das tempestades do Atlântico

E os lindos versos que falam em partir e nunca mais voltar?

Rio que fazes terra, húmus da terra, bicho da terra,

Me induzindo com a tua insistência turrona paulista

Para as tempestades humanas da vida, rio, meu rio!...

Já nada me amarga mais a recusa da vitória

Do indivíduo, e de me sentir feliz em mim.

Eu mesmo desisti dessa felicidade deslumbrante,

E fui por tuas águas levado,

A me reconciliar com a dor humana pertinaz,

E a me purificar no barro dos sofrimentos dos homens.

Eu que decido. E eu mesmo me reconstituí árduo na dor

Por minhas mãos, por minhas desvividas mãos, por

Estas minhas próprias mãos que me traem,

Me desgastaram e me dispersaram por todos os descaminhos,

Fazendo de mim uma trama onde a aranha insaciada

Se perdeu em cisco e pólen, cadáveres e verdades e ilusões.

Mas porém, rio, meu rio, de cujas águas eu nasci,

Eu nem tenho direito mais de ser melancólico e frágil,

Nem de me estrelar nas volúpias inúteis da lágrima!

Eu me reverto às tuas águas espessas de infâmias,

Oliosas, eu, voluntariamente, sofregamente, sujado

De infâmias, egoísmos e traições. E as minhas vozes,

Perdidas do seu tenor, rosnam pesadas e oliosas,

Varando terra adentro no espanto dos mil futuros,

À espera angustiada do ponto. Não do meu ponto final!

Eu desisti! Mas do ponto entre as águas e a noite,

Daquele ponto leal à terrestre pergunta do homem,

De que o homem há-de nascer.

Eu vejo, não é por mim, o meu verso tomando

As cordas oscilantes da serpente, rio.

Toda a graça, todo o prazer da vida se acabou.

Nas tuas águas eu contemplo o Boi Paciência

Se afogando, que o peito das águas tudo soverteu.

Contágios, tradições, brancuras e notícias,

Mudo, esquivo, dentro da noite, o peito das águas, fechado,

[mudo,
Mudo e vivo, no despeito estrídulo que me fustiga e devora.

Destino, predestinações... meu destino. Estas águas

Do meu Tietê são abjetas e barrentas,

Dão febre, dão a morte decerto, e dão garças e antíteses.

Nem as ondas das suas praias cantam, e no fundo

Das manhãs elas dão gargalhadas frenéticas,

Silvos de tocaias e lamurientos jacarés.

Isto não são as águas que se beba, conhecido, isto são

Águas do vício da terra. Os jabirus e os socós

Gargalham depois morrem. E as antas e os bandeirantes e os

[ingás,

                                          MÁRIO DE ANDRADE

Depois morrem. Sobra não. Nem sequer o Boi Paciência

Se muda não. Vai tudo ficar na mesma, mas vai!... e os corpos

Podres envenenam estas águas completas no bem e no mal.

Isto não são águas que se beba, conhecido! Estas águas

São malditas e dão morte, eu descobri! e é por isso

Que elas se afastam dos oceanos e induzem à terra dos homens,

Paspalhonas. Isto não são águas que se beba, eu descobri!

E o meu peito das águas se esborrifa, ventarrão vem, se encapela

Engruvinhado de dor que não se suporta mais.

Me sinto o Pai Tietê! ôh força dos meus sovacos!

Cio de amor que me impede, que destrói e fecunda!

Nordeste de impaciente amor sem metáfóras,

Que se horroriza e enraivece de sentir-se

Demagogicamente tão sozinho! Ôh força!

Incêndio de amor estrondante, enchente magnânima que me

[inunda,

Me alarma e me destroça, inerme por sentir-me

Demagogicamente tão só! A culpa é tua,

Pai Tietê? A culpa é tua

Se as tuas águas estão podres de fel

E majestade falsa? A culpa é tua

Onde estão os amigos? onde estão os inimigos?

Onde estão os pardais? e os teus estudiosos e sábios, e
Os iletrados?
Onde o teu povo? e as mulheres! dona Hircenuhdis Quiroga!
E os Prados e os crespos e os pratos e os barbas e os gatos e os
[línguas
Do Instituto Histórico e Geográfico, e os mu-
seus e a Cúria, e os senhores chantres reverendíssimos,
Celso nihil estate varíolas gide memoriam,
Calípedes flogísticos e a Confraria Brasiliense e *Clima*
E os jornalistas e os trustkistas e a Light e as
Novas ruas abertas e a falta de habitações e
Os mercados?... E a tiradeira divina de Cristo!...

Tu és Demagogia. A própria vida abstrata tem vergonha
De ti em tua ambição fumarenta.
És demagogia em teu coração insubmisso.
És demagogia em teu desequilíbrio anticéptico
E antiuniversitário.
És demagogia. Pura demagogia.
Demagogia pura. Mesmo alimpada de metáforas.
Mesmo irrespirável de furor na fala reles:
Demagogia.
Tu és enquanto tudo é eternidade e malvasia:

Demagogia.

Tu és em meio à (crase) gente pia:

Demagogia.

És tu jocoso enquanto o ato gratuito se esvazia:

Demagogia.

És demagogia, ninguém chegue perto!

Nem Alberto, nem Adalberto nem Dagoberto Esperto

Ciumento Peripatético e Ceci

E Tancredo e Afrodísio e também Armida

E o próprio Pedro e também Alcibíades,

Ninguém te chegue perto, porque tenhamos o pudor,

O pudor do pudor, sejamos verticais e sutis, bem

Sutis!... E as tuas mãos se emaranham lerdas,

E o Pai Tietê se vai num suspiro educado e sereno,

Porque és demagogia e tudo é demagogia.

Olha os peixes, demagogo incivil! Repete os carcomidos peixes!

São eles que empurram as águas e as fazem servir de alimento

Às areias gordas da margem. Olha o peixe dourado sonoro,

Esse um é presidente, mantém faixa de crachá no peito,

Acirculado de tubarões que escondendo na fuça rotunda

O perrepismo dos dentes, se revezam na rota solene,

Languidamente presidenciais. Ei-vem o tubarão-martelo

E o lambari-spitfire. Ei-vem o boto-ministro.

Ei-vem o peixe-boi com as mil mamicas imprudentes,

Perturbado pelos golfinhos saltitantes e as tabaranas

Em zás-trás dos guapos Pêdêcês e Guaporés.

Eis o peixe-baleia entre os peixes muçuns lineares,

E os bagres do lodo oliva e bilhões de peixins japoneses;

Mas é asnático o peixe-baleia e vai logo encalhar na margem,

Pois quis engolir a própria margem, confundido pela facheada.

Peixes aos mil e mil, como se diz, brincabrincando

De dirigir a corrente, com ares de salva-vidas.

E lá vem por debaixo e por de-banda os interrogativos peixes

Internacionais, uns rubicundos sustentados de mosca,

E os espadartes a trote chique, esses são espadartes! e as duas

Semanas Santas se insultam e odeiam, na lufa-lufa de ganhar

No bicho o corpo do Crucificado. Mas as águas,

As águas choram baixas num murmúrio lívido, e se difundem

Tecidas de peixe e abandono, na mais incompetente solidão.

Vamos, Demagogia! eia! sus! aceita o ventre e investe!

Berra de amor humano impenitente,

Cega, sem lágrima, ignara, colérica, investe!

Um dia hás-de ter razão contra a ciência e a realidade,

E contra os fariseus e as lontras luzidias.

E contra os guarás e os elogiados. E contra todos os peixes.

E também os mariscos, as ostras e os trairões fartos de equilíbrio
e Pundhonor.

       Pum d'honor.

           Quedê as Juvenilidades Auriverdes!
Eu tenho medo... Meu coração está pequeno, é tanta

Essa demagogia, é tamanha,

Que eu tenho medo de abraçar os inimigos,

Em busca apenas dum sabor, Em busca dum olhar,

Um sabor, um olhar, uma certeza...

É noite... Rio! meu rio! meu Tietê!

É noite muito!... As formas... Eu busco em vão as formas

Que me ancorem num porto seguro na terra dos homens.

É noite e tudo é noite. O rio tristemente

Murmura num banzeiro de água pesada e oliosa.

Água noturna, noite líquida... Augúrios mornos afogam

As altas torres do meu exausto coração.

Me sinto esvair no apagado murmulho das águas.

Meu pensamento quer pensar, flor, meu peito

Quereria sofrer, talvez (sem metáfora) uma dor irritada...

Mas tudo se desfaz num choro de agonia

Plácida. Não tem formas nessa noite, e o rio

Recolhe mais esta luz, vibra, reflete, se aclara, refulge,

E me larga desarmado nos transes da enorme cidade.

Se todos esses dinossauros imponentes de luxo e diamante,

Vorazes de genealogias e de arcanos,

Quisessem reconquistar o passado...

Eu me vejo sozinho, arrastando sem músculo

A cauda do pavão e mil olhos de séculos,

Sobretudo os vinte séculos de anticristianismo

Da por todos chamada Civilização Cristã...

Olhos que me intrigam, olhos que me denunciam,

Da cauda do pavão, tão pesada e ilusória.

Não posso continuar mais, não tenho, porque os homens

Não querem me ajudar no meu caminho.

Então a cauda se abriria orgulhosa e reflorescente

De luzes inimagináveis e certezas...

Eu não seria tão somente o peso deste meu desconsolo,

A lepra do meu castigo queimando nesta epiderme

Que encurta, me encerra e me inutiliza na noite,

Me revertendo minúsculo à advertência do meu rio.

Escuto o rio. Assunto estes balouços em que o rio

Murmura num banzeiro. E contemplo

Como apenas se movimenta escravizada a torrente,

E rola a multidão. Cada onda que abrolha
E se mistura no rolar fatigado é uma dor. E o surto
Mirim dum crime impune.

Vem de trás o estirão. É tão soluçante e tão longo,
E lá na curva do rio vêm outros estirões e mais outros,
E lá na frente são outros, todos soluçantes e presos
Por curvas que serão sempre apenas as curvas do rio.
Há-de todos os assombros, de todas as purezas e martírios
Nesse rolo torvo das águas. Meu Deus! meu
Rio! como é possível a torpeza da enchente dos homens!
Quem pode compreender o escravo macho
E multimilenar que escorre e sofre, e mandado escorre
Entre injustiça e impiedade, estreitado
Nas margens e nas areias das praias sequiosas?
Elas bebem e bebem. Não se fartam, deixando com desespero
Que o resto do galé aquoso ultrapasse esse dia,
Pra ser represado e bebido pelas outras areias
Das praias adiante, que também dominam, aprisionam e
                                        [mandam
A trágica sina do rolo das águas, e dirigem
O leito impassível da injustiça e da impiedade.
Ondas, a multidão, o rebanho, o rio, meu rio, um rio

Que sobe! Fervilha e sobe! E se adentra fatalizado, e em vez

De ir se alastrar arejado nas liberdades oceânicas,

Em vez se adentra pela terra escura e ávida dos homens,

Dando sangue e vida a beber. E a massa líquida

Da multidão onde tudo se esmigalha e se iguala,

Rola pesada e oliosa, e rola num rumor surdo,

E rola mansa, amansada imensa eterna, mas

No eterno imenso rígido canal da estulta dor.

Porque os homens não me escutam! Por que os governadores

Não me escutam? Por que não me escutam

Os plutocratas e todos os que são chefes e são fezes?

Todos os donos da vida?

Eu lhes daria o impossível e lhes daria o segredo,

Eu lhes dava tudo aquilo que fica pra cá do grito

Metálico dos números, e tudo

O que está além da insinuação cruenta da posse.

E se acaso eles protestassem, que não! que não desejam

A borboleta translúcida da humana vida, porque preferem

O retrato a óleo das inaugurações espontâneas,

Com béstias do operário e do oficial, imediatamente inferior,

E palminhas, e mais os sorrisos das máscaras e a profunda

[comoção,

　　　　　　　　　　　　　　　　MÁRIO DE ANDRADE

Pois não! Melhor que isso eu lhes dava uma felicidade

[deslumbrante

De que eu consegui me despojar porque tudo sacrifiquei.

Sejamos generosíssimos. E enquanto os chefes e as fezes

De mamadeira ficassem na creche de laca e lacinhos,

Ingênuos brincando de felicidade deslumbrante:

Nós nos iríamos de camisa aberta ao peito,

Descendo verdadeiros ao léu da corrente do rio,

Entrando na terra dos homens ao coro das quatro estações.

Pois que mais uma vez eu me aniquilo sem reserva,

E me estilhaço nas fagulhas eternamente esquecidas,

E me salvo no eternamente esquecido fogo de amor...

Eu estalo de amor e sou só amor arrebatado

Ao fogo irrefletido do amor.

... eu já amei sozinho comigo; eu já cultivei também

O amor do amor, Maria!

E a carne plena da amante, e o susto vário

Da amiga, e a confidência do amigo... Eu já amei

Contigo, Irmão Pequeno, no exílio da preguiça elevada, escolhido

Pelas águas do túrbido rio do Amazonas, meu outro sinal.

E também, ôh também! na mais impávida glória

Descobridora da minha inconstância e aventura,

Desque me fiz poeta e fui trezentos, eu amei

Todos os homens, odiei à guerra, salvei a paz!

E eu não sabia! Eu bailo de ignorâncias inventivas,

E a minha sabedoria vem das fontes que eu não sei!

Quem move meu braço? Quem beija por minha boca?

Quem sofre e se gasta pelo meu renascido coração?

Quem? senão o incêndio nascituro do amor?...

Eu me sinto grimpado no arco da Ponte das Bandeiras,

Bardo mestiço, e o meu verso vence a corda

Da caninana sagrada, e afina com os ventos dos ares, e enrouque-
ce

Úmido nas espumas da água do meu rio,

E se espatifa nas dedilhações brutas do incorpóreo Amor.

Por que os donos da vida não me escutam?

Eu só sei que eu não sei por mim! sabem por mim as fontes

Da água, e eu bailo de ignorâncias inventivas.

Meu baile é solto como a dor que range, meu

Baile é tão vário que possui mil sambas insonhados!

Eu converteria o humano crime num baile mais denso

Que estas ondas negras de água pesada e oliosa,

Porque os meus gestos e os meus ritmos nascem

Do incêndio puro do amor... Repetição. Primeira voz sabida,

[o Verbo.

Primeiro troco. Primeiro dinheiro vendido. Repetição logo

                                                [ignorada.

Como é possível que o amor se mostre impotente assim

Ante o ouro pelo qual o sacrificam os homens,

Trocando a primavera que brinca na face das terras,

Pelo outro tesouro que dorme no fundo baboso do rio!

É noite! é noite!... E tudo é noite! E os meus olhos são noite!

Eu não enxergo sequer as barcaças na noite.

Só a enorme cidade. E a cidade me chama e pulveriza,

E me disfarça numa queixa flébil e comedida,

Onde irei encontrar a malícia do Boi Paciência

Redivivo. Flor. Meu suspiro ferido se agarra,

Não quer sair, enche o peito de ardência ardilosa,

Abre o olhar, e o meu olhar procura, flor, um tilintar

Nos ares, nas luzes longe, no peito das águas,

No reflexo baixo das nuvens.

São formas... Formas que fogem, formas

Indivisas, se atropelando, um tilintar de formas fugidias

Que mal se abrem, flor, se fecham, flor, flor, informes,

                                            [inacessíveis,

Na noite. E tudo é noite. Rio, o que eu posso fazer!...

Rio, meu rio... mas porém há-de haver com certeza

Outra vida melhor do outro lado de lá

Da serra! E hei-de guardar silêncio!

O que eu posso fazer!... hei-de guardar silêncio

Deste amor mais perfeito do que os homens?...

Estou pequeno, inútil, bicho da terra, derrotado.

No entanto eu sou maior... Eu sinto uma grandeza infatigável!

Eu sou maior que os vermes e todos os animais.

E todos os vegetais. E os vulcões vivos e os oceanos,

Maior... Maior que a multidão do rio acorrentado,

Maior que a estrela, maior que os adjetivos,

Sou homem! vencedor das mortes, bem-nascido além dos dias,

Transfigurado além das profecias!

Eu recuso a paciência, o boi morreu, eu recuso a esperança.

Eu me acho tão cansado em meu furor.

As águas apenas murmuram hostis, água vil mas turrona paulista

Que sobe e se espraia, levando as auroras represadas

Para o peito dos sofrimentos dos homens.

... e tudo é noite. Sob o arco admirável

Da Ponte das Bandeiras, morta, dissoluta, fraca,

Uma lágrima apenas, uma lágrima,

Eu sigo alga escusa nas águas do meu Tietê.

FONTES DOS TEXTOS

O ARTISTA E O ARTESÃO

Fonte: Aula inaugural dos cursos de Filosofia e História da Arte, do Instituto de Artes, da Universidade do Distrito Federal. Publicado em: Andrade, Mário (2005) *O baile das quatro artes*. São Paulo: Itatiaia, p.9-33.

ENTREVISTA A JOEL SILVEIRA

Fonte: Entrevista conduzida por Joel Silveira, em abril de 1939, e publicada originalmente na revista *Vamos Ler* (RJ), nº 144, 4 de maio de 1939.

CARTA A ONEYDA ALVARENGA

Fonte: Carta escrita por Mário de Andrade a Oneyda Alvarenga, datada de 14 de setembro de 1940. Publicado em: Alvarenga, Oneyda (1974) *Mário de Andrade, um pouco*. Rio de Janeiro: José Olympio, p. 266-299. A presente publicação possui supressão de algumas passagens por fins editoriais.

O MOVIMENTO MODERNISTA

Fonte: Conferência lida no Salão de Conferências da Biblioteca do Ministério das Relações Exteriores do Brasil, no dia 30 de abril de 1942, Casa do Estudante do Brasil, Rio de Janeiro, 1942. Publicado em: Andrade, Mário (1978) *Aspectos da literatura brasileira*. São Paulo: Martins, p. 231-255.

A ELEGIA DE ABRIL

Fonte: Artigo publicado em 1942 na Revista *Clima*, da Faculdade de Filosofia, Ciências e Letras da Universidade de São Paulo. Depois inserido na compilação: Andrade, Mário (1978) *Aspectos da literatura brasileira*. São Paulo: Martins, p. 185-195.

A ARTE INTERESSADA

Fonte: Todos são responsáveis – Entrevista para Francisco de Assis Barbosa. *Diretrizes*, n. 184, p. 01, 6 de jan. 1944. Publicada em: LOPEZ, Telê Porto Ancona (Org.) (1963) *Mário de Andrade: entrevistas e depoimentos*. São Paulo: T. A. Queiroz, p. 104-8.

MEDITAÇÃO SOBRE O TIETÊ

Fonte: Poema escrito entre 30 de novembro de 1944 e 12 de fevereiro de 1945, capítulo do livro póstumo de poesia *Lira Paulistana*. Publicado em: Andrade, Mário (1972) *Poesias completas*. São Paulo: Martins, p. 305-314.

SOBRE AS ILUSTRAÇÕES

Entre as diversas atuações, Mário de Andrade tem uma menos conhecida: a de fotógrafo. E ele soube também se fazer fotografar. As imagens que ilustram o livro são, em sua maioria, retiradas de seu acervo de fotos dos diários de viajante publicados em *O turista aprendiz*. As fotos que selecionamos são, na ordem em que estão dispostas ao longo do livro:

1. Foto de Mário de Andrade. Arquivo IEB/Divulgação;

2. "A bordo do São Salvador em pleno Peru com Sol na cara", 22 junho, 1927;

3. "Remate de Males", 18 junho, 1927;

4. "Na baleeira / Lago Arari / Marajó", 30 julho, 1927;

5. "Eu diante dum tronco de sumaúma entre Santo Antônio e Porto Velho, nos limites entre Amazonas e Mato Grosso", 11 julho, 1927;

6. Ponte em Coari 11 junho, 1927;

7. Foto com os participantes da Semana de Arte Moderna de 1922;

8. "Sombra minha". Autorretrato de Mário de Andrade. Registro feito no sítio de Tarsila do Amaral, em Santa Teresa do Alto, em 1º de janeiro de 1927;

9. "Rua Nova / Da minha janela de hotel Recife", fevereiro, 1929;

10. "Iquitos" (Peru), 22 junho, 1927.

SOBRE OS ORGANIZADORES

SERGIO COHN

Nasceu em São Paulo, em 16 de abril de 1974 e mora desde 2000 no Rio de Janeiro. Em 1994, criou a revista literária Azougue, e em 2001 a Azougue Editorial.

É autor de *Nuvem Cigana — poesia e delírio no Rio dos anos 1970* (2007, trazendo a história oral do importante grupo de poesia marginal, do qual faziam parte Chacal, Ronaldo Bastos e Bernardo Vilhena), *cultura digital.br* (2009, em parceria com Rodrigo Savazoni, com entrevistas dos principais nomes em torno da cultura digital no Brasil), *Produção Cultural no Brasil* (2010, quatro volumes trazendo 100 entrevistas com produtores, artistas, gestores e trabalhadores da cultura brasileira), *Revistas de Invenção — 100 revistas de cultura no Brasil, do modernismo ao século XXI* (2011), *Roberto Piva* (coleção Ciranda da Poesia, UdUERJ, 2012), e *Poesia. br* (2012, antologia de poesia brasileira em 10 volumes, dos cantos ameríndios ao século XXI), além de seis livros de poesia, sendo o mais recente *O Sonhador Insone* (Portugal, 2022). Edita as coleções *Tembetá* (de pensamento indígena, com livros de Ailton Krenak, Sônia Guajajara, Eliane Potiguara e Kaká Werá, entre outros), *Cadernos de Música* (com livros de Vinicius de Moraes, Tom Jobim, Elza Soares, Tom Zé, Hermeto Pascoal, Itamar Assumpção, entre outros), *Cadernos de Cinema* (com livros de Rogério Sganzerla, Ruy Guerra, Karim Aïnouz, entre outros), *Encontros* (livros de entrevistas de Darcy Ribeiro, Jorge Luis Borges, Júlio Cortázar, Paulo Freire, Clarice Lispector, Nise da Silveira, Eduardo Viveiros de Castro e Milton Santos, entre outros), *Ultramares* (ensaios brasileiros, com livros de Silviano Santiago, Mário de Andrade, Suely Rolnik, Silviano Santiago, José Miguel Wisnik, Ismail Xavier, Kabengele Muganga, Manuela Carneiro da Cunha, entre outros) e a revista de quadrinhos *Expressa*, que publicou livros de Laerte, Fortuna, Mariza Dias Costa, J. Carlos, André Dahmer e Lourenço Mutarelli, entre outros, e recebeu o importante prêmio HQ Mix de melhor projeto editorial de 2021.

Em 2013, foi convidado para fazer parte do Conselho Editorial da Revista *Poesia Sempre*, da Biblioteca Nacional, tendo organizado, em parceria com o editor e poeta Afonso Henriques Neto, o número 37 da revista, sobre *"Poesia ameríndia no Brasil"*.

Em 2014, organizou para a coleção *Libros Al Viento*, da Prefeitura de Bogotá, Colômbia, a antologia bilingue *Once Poetas Brasileros*, com poemas de Paulo Leminski, Alice Ruiz, Angélica Freitas, Ana Martins Marques, Alberto Pucheu, entre outros.

Entre 2015 e 2016, trabalhou como Coordenador de Literatura no PNA — Plano Nacional das Artes, uma parceria da FUNARTE com o Ministério da Cultura.

Em 2019, criou a revista *Palabras Andantes*, nome que foi gentilmente cedido pelo escritor Eduardo Galeano, autor do livro homônimo. A revista tem editores em 15 países ibero-americanos, e cada número é dedicado a uma antologia de poesia contemporânea de um país da região. Já foram publicados volumes dedicados a Brasil, Argentina, Colômbia e Portugal, e estão no prelo volumes sobre México e Bolívia.

Em 2015, co-dirigiu, com Alberto Pucheu e Gabriela Calder, o curta-metragem "Um Animal na Montanha", sobre o poeta Leonardo Fróes.

Em 2016, produziu o LP *Garganta*, com 12 poetas contemporâneos brasileiros, entre eles Angélica Freitas, Ana Martins Marques, Fabrício Corsaletti e Gregório Duvivier.

É um dos editores da *Biblioteca Básica Latino-Americana*.

ANDRÉ MAGNELLI

É idealizador, realizador e diretor da instituição de livre estudo, pesquisa, escrita e formação *Ateliê de Humanidades* (ateliedehumanidades.com). Tem graduação, com *grau summa cum laude*, em ciências sociais pelo IFCS-UFRJ, mestrado (2009-2010) e doutorado (2011-2015) pelo IESP-UERJ. Sociólogo, professor, pesquisador, editor, tradutor, mediador cultural e empreendedor civil/público. É coordenador e editor da editora *Ateliê de Humanidades Editorial*, do podcast *República de Ideias* e da tribuna *Fios do Tempo: análises do presente*. É também um dos editores, organizadores e tradutores da *Biblioteca Básica Latino-Americana* (BBLA), da Fundação Darcy Ribeiro. Além de atuar na publicação da BBLA, publica/ou como editor do *Ateliê de Humanidades Editorial* autores como Pierre Rosanvallon, Alain Caillé, Bruno Latour, Jean-Louis Laville, etc.

Desde 2019, é organizador e curador do *Ciclo de Humanidades: ideias e debates em filosofia e ciências sociais*, uma iniciativa do Ateliê de Humanidades junto com a *BiblioMaison* e o *Institut du Livre* do Consulado da França. À frente do *Ciclo*, já realizou cerca de 30 encontros com os mais diversos temas e entrevistou autores/as como Pierre Rosanvallon, Marcel Gauchet, Serge Paugam, Bruno Latour, Jean-Louis Laville, Jean-Yves Camus, François Dubet, Pierre Lévy, Frédéric Worms, Nathalie Heinich, Dominique Lestel, Jean-Michel Besnier, André Comte-Sponville, Alain Caillé e outros. No âmbito do *Ateliê de Humanidades,* organiza e é mediador de eventos, seminários, colóquios e mesa-redondas nacionais e internacionais, muitos organizados com instituições e editoras parceiras.

Além de atuar como pesquisador do *Ateliê de Humanidades*, é pesquisador parceiro do *Centro Brasileiro de Estudos Durkheimianos* (UFRGS) e pesquisador do *Núcleo de pesquisa de filosofia e teoria social Sociofilo*. Foi professor adjunto da Faculdade de São Bento do Rio de Janeiro, onde lecionou na graduação e nas pós-graduações de Filosofia Moderna e Contemporânea, de Ciências da Religião e de Filosofia & Literatura. Foi professor substituto do departamento de sociologia da Universidade Federal do Rio de Janeiro (UFRJ). Publicou periodicamente no *Jornal do Brasil* (JB) e foi membro organizador e editor do antigo *Blog do Sociofilo*.

Pesquisa na interface de teoria social, tecnociências & sociedade, sociologia histórica do político, teoria antropológica, ética, filosofia política e retórica. Publicou como autor/organizador os seguintes livros: *Durkheim, apesar do século: novas interpretações entre filosofia e socicologia* (Annablume, 2018), *Uma democracia (in)*

acabada: quadros e bordas da soberania do povo com Pierre Rosanvallon (Ateliê de Humanidades Editorial, 2019), *Cartografias da crítica* (Ateliê de Humanidades, 2019) e *Sociologia das tecnociências
contemporâneas* (Ateliê de Humanidades Editorial, 2020). Como
resultado de uma atividade de colaboração em rede internacional,
possui publicações de sua autoria em revistas como *Revista Latino-
americana de Estudios sobre Cuerpo, Emociones y Sociedad, RELACES*
(Argentina), *Natures Sciences Sociétés (França), Cuadernos de Teoria
Social* (Chile), *Vínculos: sociología, análisis y opinión* (México), *Piezas*
(México), *Miríadas* (Argentina), *Distinktion: Scandinavian Journal of
Social Theory* (Norte europeu), *Theorein, revista de Ciencias Sociales*
(Equador), *Revue du MAUSS / MAUSS Internacional* (França), além
das editoras *Routledge* e *Palgrave*.

CONSELHO CURADOR

Alberto Venâncio Filho
Antônio Claudio Lotar da Silva Araújo
Elizabeth Versiani Formaggini
Haroldo Costa
Haydée Ribeiro Coelho
Irene Figueira Ferraz
Isa Grinspum Ferraz
Leonel Kaz
Luzia de Maria Rodrigues Reis
Maria de Nazareth Gama e Silva
Maria José Latgé Kwamme
Maria Stella Faria de Amorim
Milton Eric Nepomuceno
Sergio Pereira da Silva

CONSELHO CURADOR (IN MEMORIAM)

Antonio Callado
Carlos de Araujo Moreira Neto
Leonel de Moura Brizola
Maria Vera Teixeira Brant
Moacir Werneck de Castro
Oscar Niemeyer
Paulo de F. Ribeiro
Tatiana Chagas Memória
Wilson Mirza

Azougue Press

coordenação geral Sergio Cohn

coordenação editorial

Sergio Cohn — Darien Lamen — Cristián Jiménez Plaza

Brasil | CNPJ 12.272.339/0001-26

Portugal | NF 515805394

USA | E. Id. 803650511

Chile | tucán ediciones RUT 77.369.106-1